U0143055

課程語錄（貳）

歐用生　著

五南圖書出版公司 印行

篇外章

2018.12.28

　　課程語錄，自3月開始在臉書發布，迄今已有140篇；感謝許多好友們，不吝按讚、分享，或給予寶貴的意見與討論，向各位致上深深的謝意！

　　語錄1～100，五南圖書公司已彙編成《課程語錄》首冊，108年初出版。感謝佐藤學、黃顯華、崔允漷、余文森、卯靜儒等教授以及林莘校長、郁倫等的推薦，更請大家繼續指正！

　　語錄出版也應該是歐老真誠告白、誠摯道別的最好時機了……

　　語錄中，多次透露我與病共舞、與癌共舞的脆弱性。M. Morris說：「病痛就是回鄉。」但近鄉竟是如此情怯！心裡的感傷、煎熬與痛苦，努力地想要娓娓細說……，但卻屢屢「痛」到眼下一片模糊難以成文……。謝謝常在一起聊天地、鬥嘴鼓、互相漏氣求進步的好朋友，特地為我寫下—「和生命時光賽跑」

（參《課程語錄》p.19），記錄了自103年以來，好友所知道、聽到、聞到、讀到、感覺到的：我的身狀、心境等等；詳實的描述，處處觸及心中痛處……，雖然每次閱讀必難以自抑地淚流滿面……容許歐老透過此文，向所有好友報告、誠實告白……

　　希望《課程語錄》可以繼續書寫，邁向200，甚至……願老天眷顧！

「和生命時光賽跑」續篇

2019.3.12

　　前所提及的「病變倍增、痛擊倍加！」是11月中旬醫生面告：「稍稍算一下就10多顆」的震驚又無奈的診斷……，而歐老也確實腳步艱困、頭疼欲裂！

　　12月，每況愈下，出門成了恐怖任務……。不願耽誤課業，學生將教室搬到老師家客廳，歐老也兢兢業業地完成107學年度上學期的課程。腦部頭疼的襲擊，痛到歐老只要沒任務就躺床上睡覺，他說「睡著才能忘記疼痛」。不睡的時刻就全心全力為「語錄」抖著手、打著他想傳承的理念……痛到不行，再躺下努力睡、努力忘卻那要命的痛……

　　12月24日，老早約定宴請老友佐藤學教授的餐敘，都痛苦難受到臨時爽約……值《課程語錄》首冊付梓之際，歐老在12月28日也將自己的病情以「語錄篇外章」PO上FB，勇敢地揭露自己罹患腦癌，坦然告白，面對自己！

2019年元月，緊急複診，醫師似乎也被那「稍稍算一下就10多顆」的倍增震「醒」了；「電腦刀」的療程於焉展開。

　　元月10日～元月25日的上班日，歐老前後接受13次的電腦刀療程。每次60～80多分鐘，歐老得孤獨地躺在冰冷的治療檯上，一日再一日地……直至完成。

　　期間，除了兒子、女兒，課研所淑卿老師、佩璇老師把歐老的博班學生（歐幫群組）組織成陪伴隊伍，每天得空的成員2～3人，管他是教授、校長、主任，帶著歐老師赴醫院，療前伴著、療中候著、結束再伴著，直至送返家門。這份情誼怎不令人感動？！

　　筆者有幸，也陪同了一回，記得完成後，進入電腦刀治療室幫歐老師著衣離檯時，我問歐老師「您躺在這80多分鐘有沒有趁機小睡？」「沒有！睡不著！」「那您躺這、想些什麼呢？」

　　「想課程語錄該寫些什麼！」

唉！與生命奮鬥的歐老竟仍不忘他理念傳承的課程語錄！

據歐老口述，最後的一回療程結束當下，心中感觸良深……不禁熱淚盈眶，啜泣出聲，嚇得兩位操刀的技師頻頻問道：「哪裡痛嗎？不舒服嗎？」歐老直搖頭、說著：「謝謝你們！謝謝！謝謝！」並大力地環抱了兩位小帥哥！而統整電腦刀治療室的護理師陳小姐，也適時進到室內，和她敬重的、每天不同學生、好友、同僚與兒女等伴療的歐教授、歐校長深深擁抱道別！這一幕，雖僅耳聞主角歐老提及，卻銘刻於心，感動難以忘懷！

當天歐老的心境，似也觸發了他寫出「除夕《狂》言」的感受！（參語錄160）

電腦刀療程結束，歐老師頭疼狀況略顯改善，食慾也較之前正常，「讓患者有較好的生活品質之期許」或許算是達標，但身心遭受之磨難，豈能輕易抹除！畢竟歐老已是生活、行動都需要有人協助、扶持的重大傷病患者；而即使身處這樣的「弱者」情勢，

歐老心心念念未能或忘的，仍是透過FB發表語錄，傳遞他的課程理念。即使打字難度高，也戮力而為、想方設法完成所願。

歐老這份為教育、為課程理念傳承堅持不懈，和病魔艱苦奮戰的精神，除了令所有關懷他的人感動、感佩、感謝，感恩的我們更要大聲喊：

「歐老！

謝謝你和生命時光賽跑！

謝謝你以生命奮鬥！」

目 錄

課程語錄 *101*
居禮夫人正名後？

　　課審會將女性科學家居禮夫人正名為「瑪麗亞」（Maria Salomea Skłodowska-Curie）了。然後呢？

　　1980年代初，我在分析國小社會科教科書性別意識型態時，就思考過女性正名的問題。如第八冊「一個和諧的家庭」這個單元，描述退休的國小校長丘多年先生養鳥種花、他的太太「阿婆」（沒名沒姓）操勞家務的「和諧的家庭生活」，大家也都說要給阿婆姓名，她擅長書法、插花……

　　但從多元文化或課程史的觀點來看，這只是一種補償性的歷史（或多元文化觀），絲毫沒有改變女性的歷史定位，最根本的問題是本單元依據的「家庭觀」或「婦女觀」。

　　教師手冊中告訴老師：本單元依據我國傳統，本乎「男主外、女主內」的分工準則，所以千篇一律男校長、女教師，男醫生、女護士；男性參加社區理事會，作決定；女性參加媽媽教室，處理「雞鴨的管理，垃圾

的處理，蚊蠅、蟑螂、老鼠的撲滅，公共廁所的維護」等瑣事。

所以本單元依據的家庭觀，不僅是「男女有別」、「男主外、女主內」，甚至是「男尊女卑」的！事實上，全套教科書都展現這種家庭觀、女性觀！

這或許受當時結構功能主義和父系社會思潮的制約，如果這種社會思潮沒有改變、家庭觀沒有撼動，只給阿婆正名，並無法改變女性的地位。

事隔四十年了，我們還只能為女性正名？居禮夫人正名了，然後呢？

課程語錄 *102* 知識三問

關於知識在課程史上，有三種提問方式。最早是Spencer依據實用主義的觀點，提出：「什麼知識最有價值？」

1970年代，Apple的新馬克斯主義，改問：「誰的知識最有價值？」他認為權力是壓制性的，有權者壓制無權力者；改革是意識型態的問題，在為無權力者賦權增能（empowered），讓他們可抗拒有權者，取得權力。

1980年代後，Popkewitz質疑：人真的都被動地接受權力的宰制？為什麼權力壓制一些人，而不壓制另一些人？誰給知識分子權力，讓他能為別人賦權增能？他改問：「最有價值的知識是如何可能的？」並依據Foucault等人的理論，提出社會認識論（social epistemology）來回答這些問題。

社會認識論強調學校教育的改革不是誰（主體）的問題，而是知識的問題。而知識是權力的效應，是一種社會歷史的實踐，權力一改變，知識也跟著改變，形成權力／知識關係；權力／知識關係決定主體，而這種權力／知識／主體關係，是在特定的社會、歷史脈絡中產生的。

但不同於Apple壓制性的權力觀，Popkewitz主張發展性的權力觀，就像人的血液隨著微血管分布於全身一樣，權力也分布於全組織中。如學校中，不僅校長有權力，教師、學生也有權力，也依據自己的權力，發展自己的知識管理自己。人是被管理的客體，同時是自我管理的主體。

如前面語錄16*說的：人節食瘦身，是自己決定的，不是被權力壓迫的。

　　而九年一貫課程時，教師也是自己決定要成為能課程統整的老師；現在十二年國教課程下，教師則希望能成為會設計核心素養課程的老師，因為在不同的社會歷史脈絡下，不同的權力／知識關係，形塑了不同的教師主體。

　　知識三問，你／妳認為哪一問較有意義？

---

* 編按：請參見《課程語錄》（歐用生著），書中收錄1-100則語錄。

課程語錄 *103* 混齡教學？

　　臺灣各縣市政府為因應少子女化的趨勢，在偏鄉小校實施混齡教學，不少縣市甚至設立以混齡教學為主的實驗學校，但實施情形都不甚理想。

　　謹提供下列思考：

　　首先，請將「混齡教學」正名為「混齡學習」。聽說在一、二年級混齡教室中，教師先教一年級組，再教二年級組，因為是混齡「教學」，所以教師還是要教。應該是「學生混齡學習」，是一、二年級學生一起學習。

　　二、要發展混齡的課程教學模式，如發展一、二年級混齡學習的統整課程，並採用分組協同教學的模式。

　　三、請將幼兒園也列入混齡學習範圍，讓幼兒也能和小學生一起學習。

　　四、加強混齡學習理論和實踐的研究。2017年臺日幼兒教育聯合年會邀請我為主題演講者，我（和楊宏祺）發表「重構幼兒教育的新圖像：Deleuze生成—兒

童」概念的應用，呼籲大家開始這方面的研究。

關於混齡學習，你／妳有什麼看法？

大会報告 I — 4つの講演報告 —

三沢 大樹（常葉大学）

基調講演：新たな幼児教育の構築—ドゥルーズ「子どもへの成長変化」を応用して

　欧用生先生（国立台北教育大学前学長、名誉教授）は東京大学・同大学院のご出身で、日本語がご堪能であることから、通訳者を通さずに日本語でご講演された。近年の台湾では少子化が深刻な社会問題であり、特に〜き地の小中学校では複式教育（複式学級や異校種間接続・連携）が始まっているものの、多くの場合は小学校以上に限定されており、幼児園と小学校との複式教育（幼小連携・接続）が進んでいないことを問題点として挙げられ、嘉義県阿里山郷豊山教育実験学校における実践例を紹介しながら、フランスのポスト構造主義者ジル・ドゥルーズ(1925-1995)の「子どもへの生成変化」の概念を理論的な根拠として、複式学習の新たなスタイルや幼児教育像を構築する必要性を主張された。幼児園や幼児教育全体を閉ざされた世界にするのではなく、開放していくことの必要性を繰り返し提唱された。

課程語錄 *104*
資訊素養是一種身體素養

應嘉義大學教育系林明煌主任之邀參加「2018 E世代教育問題與改革」國際學術研討會,與日本、印尼學者對話。

我提出語錄5的三個畫面,請大家思考:

・畫面一:子在川上曰:「逝者如斯夫,不捨晝夜。」
・畫面二:如果孔子站在二仁溪畔?
・畫面三:如果孔子玩iPad?

本來我準備這樣引言,請大家思考就好,但許多人要我再講清楚,我只好給答案了。

先民沒有科技、沒有汙染,山清水秀,靠身體與外界接觸,尊重自然,與自然和平相處,天人合一。孔子

站在橋上，春風徐來，水波微興，由清澈的流水體悟到人的存有。

科技發明了3C產品等，帶來了方便和文明，但嚴重地汙染了環境。二仁溪本來也是清澈的小溪，孔子也可能在溪畔吟詩作對的；但今天孔子來時，恐怕也得戴上口罩，落荒而逃。

科技真的萬能嗎？人定勝天？人是否過度倚賴科技的力量，而過於傲慢？

當然，今天如果孔子回來，也非使用iPad不可，但我認為，他還是會從身體的觀點來思考；他會與iPad相互具現化，將它視為身體的一部分，來補充人手腳不能及的地方，看到肉眼看不到的地方，聽到耳朵聽不到的東西，組織人腦無法掌握的數據，來豐富我們對世界、社會、人類的認知。

人（身體）永遠是資訊的主體，資訊素養是身體素養的一部分，在豐富身體素養、成就身體素養！

最後，我提出四點期望：

一、每週選擇一天為3C產品安息日，善用身體。

二、除了人機界面，更要有人際界面；除了internet，更要有innernet。

三、人要謙卑，敬天祭祖，敬畏自然的奧祕。

四、兼顧3S：除了科學science，還要加上故事story，和靈性spiritual。

課程語錄 *105*
東西方智慧的互文本

在全球化潮流中，課程學術界將東方的佛陀、孔子、道教、印度教、蘇菲主義等，放進課程理論複雜的對話內。

如Smith說的：沒有東方就沒有西方，遠東也只是遠西而已，西方文化的根源本來就是與東方關聯在一起的，西方向東方取經只是一種「回鄉」，讓東西方展開一場「不可能的相遇」。

語錄80提到，Davies發現西方科學在幼兒情緒教育上的限制，改向東方佛教學習，讓幼兒擁抱情緒（如憤怒）和她當朋友，溫柔地和她對話，將憤怒轉化為積極的力量，而非壓抑她。

在這個研究、學習的歷程中，Davies發現Deleuze思想和東方佛教哲學有許多相似的主張，如都強調：如何放空、放棄我執，從既有規則中解放、試驗自己，尋找逃逸路線，讓自己超越，思考過去沒思考過的、思考尚未有的，在忘記自我、遺失自我中，發現新的自我。

如何在東西方課程理論的對話中尋找臺灣課程研究的主體，是當前課程研究者的重任！

課程語錄 *106*
兩岸三地課程理論研討會

1998年，我（時任國立臺北師範學院校長）、伯璋校長（花蓮師範學院），和大陸人教社課程與教學研究所呂達所長、香港中文大學課程與教學學系黃顯華主任，共同發起兩岸三地課程理論研討會，每年依序在臺灣、香港和大陸輪流舉辦。三地各推派課程學者、博士生共十名參加，針對擬定的主題發表論文，共同研討。

課程理論研討會，扮演了兩岸三地課程智庫的角色。與會學者、專家，都對當地課程政策發揮很大的影響力，引領了三地課程發展的方向。

例如臺灣前一輪的九年一貫課程改革，強調學校本位、統整課程、學習領域、基本能力等，對大陸的課改影響很大，我、伯璋校長和臺灣學者，經常被邀請到大陸各地演講、座談，宣導臺灣經驗。

這一輪課改兩岸都強調核心素養，但臺灣只停留在OECD的定義上，而大陸試著從中華文化底蘊來定義，很有特色。

這個研討會，至今仍持續辦理，2018年適逢二十周年紀念，10月中旬，已在北京人教社課程教學研究所和北京師範大學，以二十年來兩岸三地課程理論的發展為主題，擴大辦理。

　　我本來要代表臺灣作主題演講，並擬定了「從基本能力到核心素養：社會認識論的視野」這個題目，多次與臺南大學教育系助理教授黃彥文博士對談、研商，確定從社會認識論的觀點，探討九年一貫課程基本能力到十二年國教課程核心素養的轉變，綜覽這二十年來臺灣課程理論的演變，並提議今後課程理論要由認識論轉向存有論，論文由黃博士完成（我因事未出席，由黃彥文博士代表）。

　　在全球化、國際化的浪潮中，東西方智慧正進行著不可能的相遇，兩岸三地課程理論研討會如何因應，以邁向下一個二十年？

課程語錄 *107* 有兒童期嗎？

　　臺灣教育一直被行為主義作祟，而幼兒教育則被 Piaget 發展心理學作祟，一直堅信兒童期的概念：兒童期是人生的第一個發展階段，是起跑點，不能輸在起跑點上。

　　因而有幼兒園重地、閒人勿進的封閉感，現在各縣市政府都在推動混齡教學（我強烈建議改為混齡學習），都沒有把幼兒園和（中）小學混齡。我問校長、園長、輔導員、決策者，他／她們都說沒有考慮過這個問題：「幼兒和（中）小學生混齡學習？」她們都懷疑：怎麼可能？

　　她們都中了發展心理學的毒很深，一直堅持傳統的兒童期的概念。後現代主義，如後殖民理論早就批判：兒童期是一種殖民論述，是一個團體（成人）為另一團體（小孩）賦予信念和價值。心理學家沒有聽兒童的聲音，將他們視為他者，代替他們

說話，宰制他們的聲音，以維持成人的優勢。因此，Popkewitz也批評兒童期成為治理的技藝，是危險的，要加以質疑！

2017年，臺日幼兒教育聯合年會在臺北舉行，大會主席翁麗芳教授邀請我作主題演講，我（和楊宏祺博士）就用Deleuze「生成一兒童」（becoming-children）的概念來探討這個議題。生成是Deleuze哲學的核心，A生成為B，不是A變成B，而是朝向差異的開放的狀態，是游移（in-between）的空間，對抗既定框架的逃逸路線；生成一兒童，不是變成兒童或過孩童式的生活，而是表示他具有轉型的空間。

由此Deleuze強調，兒童期不是年齡的問題、身體的問題，而是一種流動、一種張力，一種轉型的革命性的空間，永遠在過程中，在游牧的狀態。

臺灣如何因應這種兒童期概念的轉型，重新描繪幼兒教育的新圖像？

課程語錄 *108*
內省性的共感（intra-active）

　　語錄104提到E世代的資訊素養中，我們要有更多的人際界面來代替人機界面，不僅要有internet，還要有innernet；而聆聽是其關鍵，尤其是Davies所說的即興式的聆聽（emergent listening）。過去教師的聽，大多是帶著預設聽學生說的是否正確、是否我要的答案，或將回答納入既有範疇內，以便加以判斷、評鑑。

　　Davies批評這是功利的、控制的聆聽，只顯示教師的權威，無助於人際的互動；而即興式聆聽是不帶預設、偏見和判斷的聽，把每個對話都像採到的珍珠一樣地珍惜，不僅準備感動、影響他／她們，也準備被他／她們影響、被感動。

　　這是一種深度的聆聽與凝視，身體五官都聚精會神地聽，不僅聽到聲音、聽到彼此的樣子，更聽到彼此的關聯；不僅聽到說出的，更聽到沒有說的、沉默的聲音。

這時，人際間不僅有互動、有相互主體（intersubjectivity），視野交融，更有內省式的共感，建立了innernet的韌帶。

課程語錄 *109* 教師「工」會？

課程學者Aoki問：為何是課程實施，而不是「課程即興演奏」？他期許教師不是將專家設計好的課程裝配到自己教室的裝配工人，而是藝術家，是故事創造者，師生一起說、聽、創造故事。

批判教育學者Giroux大力批判美國課程政策將教師工作貶值化、去技能化，因此力倡教師不是技匠，而是轉型的知識分子，有轉換理論典範、轉換社會的道德、文化使命。

但在學者大力維護教師尊嚴、提高教師道德責任時，臺灣教師卻自詡為職業工人，除教師會外，另組教師「工」會，有教師還說：「下班了，不要接家長的電話了。」

職業"vocation"的拉丁字源"vocare"是呼喚，課程學者Huebner說：教師會聽到多元的呼喚，我問來進修的老師：「你／妳們聽到什麼呼喚？」一位主任立刻笑笑地說：「老師們一定說下班了，太太（先生）呼喚我趕快回家！」

Huebner說：教師會聽到兒童的呼喚，要用愛來回應；會聽到知識的呼喚，要用真理來回應；會聽到制度的呼喚，要用正義來回應！

　　這時，教師也會聽到自己的呼喚，則誠實的回應，這才是人師！

　　《師範教育法》被改為《師資培育法》後，教師呼喚的這些特質被忽視了，教師也聽不到這些呼喚了！

課程語錄 *110* 幽靈作祟？

「幽靈作祟」是課程研究上的重要隱喻。

語錄85提過，中外教育都受行為主義和發展心理學的幽靈作祟，臺灣教育界尤其嚴重。

最近課程學者提醒，要將幽靈拜訪視為驚奇、敬畏的機會。幽靈帶來陌生性，干擾了原有的日常生活，引起不舒適的感覺，覺醒我們的熟悉性和理所當然性，也提醒我們遺失了什麼，是否有不同的認識論或其他行動，並指出未來的可能性和希望。

因此我們要接受幽靈的拜訪，優雅地與他／她們對話，一起思考我們一直迴避的痛苦、困難和不安的問題，坦然面對人生。

掀開秩序和確定性的神祕面紗，就能驚醒人類無知的深淵，和人類經驗的基本的混亂、渾沌和複雜，許多神祕性亟待探討，許多好奇心亟待滿足，很多混亂和模糊亟待面對。因此課程、教學是靈性的旅程，召喚我們進入生命的新奇、新鮮和驚奇中，發現人的豐富性和超越性。

幽靈是靈性旅程中的夥伴！邀請幽靈進入我們的視野，是冒險地質疑我們的觀點和存在方式，對世界有新的覺醒，開展生命不同的可能性！

課程語錄 *111*
課綱修訂的政治性

　　課程改革（如課綱修訂）是複雜的社會政治過程，也是細膩的權力／知識關係，社會領域關乎國民國家民族意識和主體認同，更是各種意識型態角力的場域！尤其在臺灣，社會領域課程（綱）修訂通常都涉及大中國史觀／臺灣本土史觀的藍綠敏感神經，一定會引發很多鬥爭。

　　2014年國民黨馬政府微調語文與社會領域課綱，修正李登輝、陳水扁總統以來的臺灣史觀。我當時是教育部課程審議大會委員，1月27日召開審議大會，前一晚接到當過司長的教育部高層官員的電話，我立刻知道來意，不等他開口就以修訂合理性、修訂時機、修訂組織和程序等問題，表明反對的立場，我想他也可以用×××委員反對，向部長交差了（可預估反對人數）。27日下午的大會上，教育部長心裡已有數，讓反對者暢所欲言，我還感性地向部長喊話，今天我們都在寫臺灣的課程史，以後的史家會不會懷疑，部長急著修訂課綱是受到什麼壓力？在府院黨微調課綱一定要通過的壓力下，理性、感性的訴求只是狗吠火車而已！

修訂案當然通過了，我請教幾位高國中小校長、主任，他／她們都說國教署署長親自打電話，請他／她們一定要支持教育部的政策，我因未被摸頭、配合政策，未再續聘為課審委員。

這個場景一定也會在這次高中社會課綱修訂上重演，尤其這次歷史課綱將歷史分成三部分：臺灣史、世界史、東亞和中國史，大大增加臺灣史、壓縮中國史，一定會引發爭議，又鑒於馬政府課綱微調手法粗糙，引發各界抗議，演變到高中生走上街頭，甚至夜闖教育部、侵占部長室，而有教育部長控告學生、學生自殺等事件，這些都是臺灣課程史上的第一次，引起各界責難。

背負府院黨歷史課綱一定要過，而且不能發生馬政府時的事件，教育部長、學者教授的壓力可想而知，如語錄78所述，課審大會通過社會領域課綱時，教育部長和召集人都哭了。

為修課綱而哭,也是臺灣課程史上的第一次,值得記錄並加以探討。

　　如何讓政治離開課程,讓歷史課程回歸歷史教育的本質?

課程語錄 *112*
日本課程改革的根

最近閱讀了幾篇日本課程改革的專文，都提到日本課程的根，頗有啟發。

日本宇都宮大學戚潔教授（Qi，大陸籍），採用Foucault現在的歷史的方法，探討第二次戰後日本的國際化教育後發現，每一階段課改的國際化的概念、意義都不一樣，表面強調國際化，但骨子裡仍以日本化為主，日本人論、理想的日本國民圖像才是課程政策的主軸。

可見，納入同時就是排除，這也是Foucault理論的重要概念。

另Mochizuki Yoko從後殖民理論觀點指出，明治維新就是一種國際化，但只強調西方的科學技術，仍保留日本的文化和價值。她說，此後日本課改都以日本的文化和價值為依據。

反觀臺灣的課改依據什麼呢？一下子學澳洲的基本能力，一下子又模仿OEC的核心素養。討論核心素養前，是否要先釐清臺灣教育的核心價值？

課程語錄 *113*
日本課改的慎重

　　日本人的菜英文眾所周知，甚至常被揶揄，日本文部科學省也早於1992年，就指定若干小學為英語教育實驗研究學校，試辦英語教學（日本中小學設新科目前通常經過實驗研究，這是日本課程發展機制中很值得學習之處）。但經過近三十年的研究，2017年年初頒布的國小新學習指導要領（課程綱要）中，卻不是設英語課，還只是「外國語（英語）教學活動」，五、六年級每週各一節課，由級任老師授課，不用教科書（教材），只是活動、遊戲。

　　這顯示了外國人難以理解的日本課程改革的慎重、穩健和龜速。

　　語錄112提過，日本的國際化教育是以日本化為前題，表面上強調國際化，實際上在加強日本化，是以日本文化和價值為底蘊的國際化。

2016年10月21日於臺北市立大學，舉行課程與教學學會成立二十周年大會，日本東京大學教育學院恒吉僚子教授的主題演講中，也提到這一點：先奠定日本文化的基礎，才學外國語文。

她說，日本是單一語言的國家，沒有階級制度，沒有被殖民過，卻有殖民者的「經驗」——民族優越感和自信心很強（我的感覺：排外性很強），因此中小學課改都是內發的（endogenous），源自於日本的民族性和文化，而且還要輸出，如學習共同體已盛行於全世界；另一個正在輸出的是：中小學的特別活動。

特別活動類似我們的彈性學習時間，包含學校行事、學生社團、戶外教學等非認知的學習，這是新課綱的重點之一，埃及等國家多次組團到日本中小學學習。

相較於日本的慎重，臺灣小學的英語教學就「勇敢」多了。《九年一貫課程綱要》規定，英語排於五、六年級，每週一節；但實施後，各縣市政府把英語課當作選票，用來比賽，不管師資、資源、條件，設了再說，下放到三、四年級，甚至一、二年級、幼兒園，由

一節增為二或三節，亂象畢露。

英語真的有那麼重要？臺灣小學英語教育真的需要那麼躁進嗎？日本的課改為何能穩健進行？

課程語錄 *114*
課程改革的策略

教育部為推展教改課改，補助一些熱心教改的團體或個人舉辦各項教改活動，聽說有些活動有上千人參加，人人沉醉在集體儀式中，像感恩seafood（師父）、盛讚seafood一樣，嗨到最高點。

老師願意參加各項研習是好事，集體儀式也有減壓、取暖的功能，但如果認為這樣課程就改革了，可能低估了課程改革的複雜性，那課程改革找妙天就搞定了。

課程學者早就強調課程改革需有策略，如技術觀、政治觀和文化觀，最近Hargreaves等又加了後現代觀。

‧技術觀：給老師一套技術、一組SOP，改革最容易上手。

‧政治觀：教師覺醒改革的合理性，考量改革對自己和學生的影響後，才願意投入改革。

‧文化觀：符合教師文化、日常儀式，才能改革。

‧後現代觀：如果一次給教師太多改革方案，教師就改不了。

六年前剛推學習共同體時，也造成「佐藤學旋風」，每場都有千人參加，但近年人潮退了，佐藤學說：「這是好事，課改不能停留在mood的情緒中，要讓教師深思熟慮後，往深層發展！」

課程語錄 *115*
師道典範的建立

師範教育學會在周愚文理事長的籌劃下，對傳統的九所師範學校的校史作學術性的研究，集成《師道典範的建立》乙書，11月9日在師範教育學會年會上發表，應邀參與對談，學習很多。

首先感謝主編周愚文、彭煥勝兩位教授，及九位撰寫者的辛苦，這是第一本臺灣師範學校史的專著，在臺灣教育史研究上有重要的意義。

同意主編和作者們的很多觀點，如師範學校建立了臺灣的師道典範，招收許多貧窮優秀的年輕人，讓他們有向上社會流動的機會；穩定社會，培養一批任勞任怨的教師（薪資低、工作繁重）；穩定教師隊伍，促進國家教育發展，功不可沒。

另，我從教育史的觀點提出三點看法：

首先，臺灣師範學校也是國民黨反共教育政策的一環，從課程及其內容，尤其是軍事化的生活管理，都可看出師範學校扮演「精神國防」的角色。

第二，師範學校建立的「師道觀」，是植根於中華文化的威權的師道觀，強調天地君親師，「一日為師、終身為父」的君父角色，教師也把自己神格化；但西方education是引出，pedagogy是教僕，教師不是傳道、授業、解惑的全知者，而是引出「陪伴者」。今天臺灣的師培很需要將威權的師道觀，轉換為民主的師道文化觀。

　　第三，1995年《師範教育法》被修為《師資培育法》，引進市場原理，師範教育的傳統精神完全質變。

　　如何重建師範教育？重塑師道典範？

課程語錄 *116*
九年一貫課程的教訓？

　　值世紀交替、迎接千禧之際，在全球千禧效應下，臺灣社會顯現濃厚的後現代氣息，興起一股改革至上主義：什麼都要改，連根拔起最好。

　　九年一貫課程綱要就是這種後現代的產物，由課程標準轉變為課程綱要所示的，本身就充滿著後現代，揭櫫學校本位、能力本位、學習領域、統整課程等嶄新的理念。

　　這些都是很先進的概念，但也是很複雜的概念。學校準備好了嗎？教師、家長呢？整體社會呢？當時的學校，老師都習慣於等教育部的課程標準，國語10節、數學6節，照規定排課；等國立編譯館的教科書，第一課「小貓叫」就跟著叫的時代，這種幾乎是前近代的、超穩定的組織，有能力實施這種後現代的課程？

　　我提出這個問題，並希望從其中一項，如學校本位先試辦，但在改革至上主義彌漫的那個時代，這種想法被視為保守的，未被採納。相較於日本課程改革的穩健、慎重，臺灣的課改真的是勇敢（躁進？）多了。

九年一貫課程如期試辦了，當時我任國立臺北師範學院校長，教育部聘我為九年一貫課程試辦輔導諮詢小組召集人，有機會到全省試辦學校去學習，校長、教師們都接受很多研習了，也都很努力實施，很感動，但我目睹並記下了臺灣教改的後現代現象。

　　為鼓勵學生閱讀，有些男校長跳天鵝湖，有的校長甚至跳起鋼管舞；冬節（冬至）到了，全校師生一起搓湯圓，氣氛熱烈；母親節到了，全國的師生都在「護蛋」，體會母親的辛勞。你們到山上畢業典禮，我們就到「海底」領畢業證書。全民麻醉在嘉年華的歡樂氣氛，和大賣場式的聲光刺激中，誤以為這就是快樂學習，這就是體驗。這就是九年一貫課程改革？

　　但沒有人覺醒大賣場式的市場邏輯，強調將多元的、編織過的文化產物放在學生手上，學生就以非常膚淺的、簡單的、沒生產性的方式消費。我寫了〈快樂學習或安樂死？〉、〈披著羊皮的狼〉等文章批判這些現象，引起很大的迴響。

九年一貫課程改革忽視了歷史文化因素，低估了課程改革的複雜性，高估了教師的能力，失敗了。

　　但從課改的失敗中獲取教訓，是課改的最有意義的學習。

　　第一，九年一貫課程引起一場全民參與的大論辯，雖有些地盤的維護、利益的爭奪，但也有不少理性的爭論、課程理論的澄清，課程理論也是越辯越明。

　　第二，九年一貫課程擾動了校園，一潭死水的學校稍見生氣，教師武功稍見恢復，行動研究增加了，教師敘說能力加強了。

　　第三，教師在九年一貫課程中，對統整課程著力甚多，恐怕也是最感挫折的地方；但教師如果能再鑽研統整課程理論，和過去的失敗對話，在統整課程失敗，就從統整課程站起來，這應該是最美、最有價值的學習經驗！

課程語錄 *117* 新自由主義

當前社會思潮主要有新左、新右兩派,大部分國家都由新右派主政,因此新右派影響力很大。

新右派又分為新自由主義和新保守主義兩個陣營,兩者主張相異但彼此互賴,經濟上依賴新自由主義,政治上需要新保守主義。

新自由主義強調公為萬惡之首,所有的私都是好的,因此主張國家退位,建立小而美的政府,市場進場,教育也要市場化、私有化、自由化、多元化,美國雷根政府、英國柴契爾夫人和日本中曾根首相,都是新自由主義者,同時執政,新自由主義思想彌漫於全球。

民國83年,行政院成立的教育改革審議委員會依據新自由主義的精神,全面引進市場原理,教育部進行了一系列的市場化、多元化、自由化的改革。

新自由主義謳歌市場、多元,而且強調人人都有選擇權,要自助努力、自我責任,但市場不是自由的、自然的,市場是被經濟力操控的;就像多元入學立刻淪為多錢入學一樣,家長的經濟力介入教育的選擇,弱勢家

庭的孩子背負家庭的重擔，毫無選擇能力，卻還要背負選擇不力、自我責任的指責。

更可怕的是多元評量，如語錄38所言：今天的孩子不只像過去只有成就被評量，更需在檔案評量、真實性評量等名目下，身心靈都要攤開來接受師生的評量（指指點點）；弱勢家庭的孩子，還要背負降低PISA的罪名，背著補救教學的標籤，在校園踽踽而行，情何以堪！

九年一貫課程，也是新自由主義的產物。課程教學是倫理的工作，但我們的課程教學改革往往缺少倫理道德的考量！

課程語錄 *118*
謎樣的82年國小新課程標準

　　82年國小課程標準修訂是我第一次參與國家級課程改革，不僅擔任修訂委員會委員，也是總綱小組、審查小組委員，也是社會和道德與健康小組委員，參與甚多；但82年國小課程標準也是最詭異的，很多地方亟需解密。

　　政府遷臺後，國小課程標準歷經民國41、51、57、64、82、87（九年一貫課程總綱綱要）、103（十二年國民基本教育課程綱要）等次修訂。

　　由此就可發現，82年課程標準極為怪異，睽違十八年才修訂，且實施不到兩年，一套全新的九年一貫課程就公布了。

　　尤其民國76年政治解嚴，隱忍已久的社會力，一舉爆發。課程不是要因應社會政治需要而修訂，這不正是修定64年課程標準的最好時機嗎？為

何在長達十八年後的82年才修訂完成？

　　教育部在民國77年就準備修訂了，年底就組成課程標準修訂委員會，我（時任國立臺北師範學院教務長）被聘為委員。在我印象中，這次修訂時斷時續，教育部解釋是因為期中有延長國民基本教育的研議而耽擱了，但有一說，謂國民黨內部有堅持大中國主義和兼容臺灣本土主義的權力鬥爭。

　　82年2月主任委員毛高文部長去職，郭為藩（原臺灣師範大學校長）繼任部長，接任主任委員，5月召開修訂委員會，討論的議題是國小要增設「語言與表達」乙科。因修訂案即將公告，且事出突然，反對者不少，但有一位委員打破僵局說，語言表達很重要，應該讓臺灣各族人都能用自己的語言說話，人親、土親、文化親啦！立足臺灣，胸懷大陸，放眼天下啦！但希望用活動方式進行，不要設科，立刻有不少人附議。我事後推測，這應該是教育部的暗樁，也應該是部長要的。於是在部長引導下快速定案，國小三至六年級增設「鄉土教學活動」，每週一節。

　　堅持國語政策的毛高文部長去職，第一位臺灣人部長郭為藩上任，就在國小課程標準中增設「鄉土教學活動」，以推動鄉土教育、本土教育，這是臺灣第一次設

置鄉土課，也是教育、課程政策上的巨大轉變（83年公布的國中課程標準則增設「鄉土藝術活動」和「認識臺灣」，分歷史、地理、社會三篇）。這是否間接證實了國民黨內的權力鬥爭？

全部國小課程標準修訂工作，至82年6月底完成，教育部乃於82年9月公告，並自85年8月新學年度起實施。

至於鄉土教學活動課程標準，教育部聘我（時任臺灣省國小教師研習會主任）為主任委員，負責起草工作，民國83年底完成審議公布，有關故事另行敘述。

這也是國小課程標準第一次分兩次公布，意義非凡，值得探究。

歷經這麼多波折才修訂完成的82年國小新課程標準，於85年8月起實施，才實施二年，全新打造的九年一貫課程就於87年頒布？

可見82年國小課程標準，至今仍像謎團，亟需解惑！

課程語錄 *119*
臺灣省國民學校教師研習會

　　臺灣省國民學校教師研習會於民國45年設立，民國52年，我在高雄市中洲國小服務時，有機會奉派到研習會研習一週，親炙國教聖地的風采，印象最深刻的是高梓主任，她講話字正腔圓、鏗鏘有力，尤其她一一個別談話，金框眼鏡底下，顯得十分威嚴。

　　民國82年5月，教育廳陳英豪廳長指派我擔任研習會主任，這段期間除例行性的研習、校長主任儲訓，和實驗課程的發展外，最重要的工作是新會區的遷建。

　　研習會原板橋會區因狹小老舊，我的前前主任吳清基博士已從新北市取得三峽新會址，前任主任謝水南博士進行環保、水文等的評估探勘、設計，新會址的奠基工程大致完成，因此我上任不久就可招標，真的感謝吳、謝兩位主任和全體同仁們的辛勞。而且當時省屬機構的工程招標，都委由省住都局負責，我們就省去了許多繁雜的庶務工作，新會址就順利招標動工了。

　　在這寬廣（20餘公頃）美麗的新會區，研習會除了原有任務外，如何轉型？我和同仁們一再對話，提出

日本新教育大學的理念，即1980年後成立的兵庫、上越、鳴門三所教育大學，是研究所階段的教師進修，大家覺得可行，乃將研習會定位為教師進修大學，分組研討相關問題，撰寫轉型計畫。

研習會出版的「研習資訊」每期，我都撰寫一篇教師進修和學習新知，後集成《教師進修與學習》乙書，被列為校長、主任甄試參考資料之一，廣泛被閱讀。

84年初，我被遴選為國立臺北師範學院校長，請辭主任，歸建國北師，這時前面的三棟都已蓋到一樓了。

後經幾位主任和全體同仁的辛勞，新會區遷建完成，並於2012年改制為國家教育研究院，其實國教院有可能更早成立，如果林清江部長沒那麼早過世的話。

87年2月，林清江老師接任教育部長，4月成立教育研究院，規劃諮詢小組聘我（時任國立臺北師範學院校長）為委員，並指示我組小組，半年內完成教育研究院籌設報告。籌設報告於10月底完成，11月召開諮詢小組會議，教育研究院內涵都依照我們的規劃案通過。至於定位，林部長裁示，先設於教育部內，再視運作情行研議是否改制為法人；最後部長堅定的宣布，現在開始籌備，兩年後掛牌！

只可惜，12月林部長因病離職，教育研究院成為林部長的未竟志業之一！

課程語錄 *120*
臺灣第一套鄉土課程標準

語錄118提到82年國小課程標準增設了「鄉土教學活動」，這是臺灣課程史上的大事（83年國中課程標準增設「鄉土藝術活動」和「認識臺灣」，分為歷史、地理、社會三篇）！

民國80年代後，幾個民進黨執政的縣市開始推動母語教學，但教育部還一直堅持國語政策，對母語教學概不承認。

在傳統大中國主義的教育下，我們的孩子腳踏在臺灣的土地上，卻要背誦長江、黃河流經幾省，而不知淡水河下淡水溪有多長、有多髒？

這種偏頗的教學，扭曲了兒童人格的發展，課程美學學者Greene說：要讓孩子們站在自己的土地上，用自己的聲音唱自己的歌，說自己的故事，成為自己生命的作者和聽者，這樣才是有臉、有聲音、有主體的存在！

在這種理念下，我（時任臺灣省國民學校教師研習會主任）受聘為國小鄉土教學活動課程標準研定小組召集人時，即堅持從教育課程的觀點來從事這個工作，不是外界批評的政治任務，或為狹隘的臺灣意識服務，研定小組也秉持這種精神運作，我們從人文主義、社會建構論、多元文化論、自我概念論等，探討鄉土教育、課程的理論基礎，並將鄉土課程定位為生活教育、人格教育、情意教育、世界觀教育的一環。

我們將這種精神體現在鄉土教學活動課程標準上，如課程目標強調對鄉土文化藝術的了解、保存、創新，培養解決鄉土問題的興趣、能力，增進愛鄉情操，尊重包容各族群文化，以促進社會和諧等；教材內容則包括鄉土語言、歷史、地理、自然和鄉土藝術等，並各列舉若干項目，供教師參考。

教學實施上強調以活動，如觀察、調查、製作、專題研究等方式進行，並儘量與地方儀式、文化活動和其他學科教學配合，以不實施紙筆評量為原則，並鼓勵各縣市政府、各校自編鄉土教材。

　　鄉土教學活動課程標準於83年底公布，距公布82年課程標準已達一年以上，這是臺灣第一套鄉土課程，而且一套課程標準分兩次公布，在臺灣課程史上也是第一次。

　　84年，教育部委請國立臺北師範學院（我時任校長）訪視各縣市政府發展鄉土教材的情形，作為補助經費的依據，一時之間，鄉土教育成為臺灣的顯學！

　　鄉土教學活動85學年度開始實施，91年九年一貫課程取代82年課程標準而結束，但鄉土課程教學的精神融入九年一貫學校本位課程發展的理念內，發揮功能！

鄉土教學活動實施短短四年，其政策效應如何？上海華東師大課程與教學研究所博士生蕭老師（大陸某高校教師）博士論文為「臺灣小學社會課程研究」，到臺灣師大教育研究所進修，訪問我時，第一個問題就是民國80年後，為何社會課程中大陸教材少了那麼多？我和他分享這段故事後，他說，這些都是文獻上看不到的，他已訪問了很多人，歐老講得較深入！

　　這又牽涉另一問題，誰來寫課程史？

課程語錄 *121*
臺灣國小社會科課程發展

美國學校社會科有三個傳統：社會科是公民資質（social studies as citizenship）、社會科是社會科學（social studies as social science）、社會科是反省思考（social studies as reflective thinking）。臺灣國小社會課程發展的三個模式：舟山、板橋和南海模式，正可以符應這三個傳統。

臺灣早期教科書統由國立編譯館（2011年併入國家教育研究院，改為教科書研究中心）負責，編譯館委請教授組成各科教科書編審委員會，編審教科書，俗稱舟山模式（因編譯館位於臺北市舟山路）。

以社會科教科書而言，舟山模式是大學教授（後來雖有中小學教師加入，但通常是教授說了算）「編」（沒有「課程發展」的概念）小學教科書，又沒有經過實驗，常不符合學生的生活經驗而被詬病。

臺灣省國民學校教師研習會於民國45年設立後，就以國小教師進修、校長主任儲訓為主要任務。61年，在崔劍奇主任努力下，增設研究室，開始國小數

學、自然、社會等科教科書發展的工作,俗稱板橋模式(當時會址設於板橋),這是臺灣科學化課程發展的濫觴,意義重大!

板橋模式社會科就是要改正舟山模式的不足,由研究員帶著借調來的優秀小學教師,書寫教科書草稿,經與指導小組討論、修正後,成為實驗本,每縣市選擇兩學校實驗,包含鄉村、海邊、山地、都市的大小校。實驗前,先舉辦教師研習;實驗中,舉辦分區觀摩教學座談;實驗後,則依據師生的經驗、意見修正,修正本送請國立編譯館社會科教科書編審委員會審查通過後使用(依當時法令,臺灣省國民學校教師研習會沒有發行教科書的權限)。

板橋模式類似社會科是反省思考的理念,重視兒童的生活經驗和解決問題的能力,但常被質疑其學術基礎為何?單元與單元間的邏輯關聯性為何?南海模式就是要解決這種疑惑。

民國74年,教育部在南海學園內成立人文及社會教育指導委員會,加強人文及社會科學教育課程的研究,我被邀參加國小社會課程組,進行了「國小社會課程目標」和「國小社會科教材架構」兩項專案研究,我們採社會科即社會科學的理念,強調社會教材除了歷

史、地理外，還要包含社會學、政治學、經濟學、文化人類學、環保生態等；我們從這些學術萃取出十個概念，如差異、變遷、因果關係等，和250餘個通則，作為社會課程設計的依據。這就是所謂的南海模式，可惜南海模式沒有再繼續發展。

後來我將參與社會課程研究和學習心得，撰寫成《國小社會科教學研究》乙書，聽說師培生人手一冊，廣被閱讀。

課程語錄 *122*
小童詩，大啓示

　　課程學者Aoki引用音樂家M. Wilke描繪一年級音
樂課的一首童詩〈我只想唱歌〉，頗有啓示。

　　我只想唱歌
　　當我一年級的時候
　　我喜愛唱歌
　　當輪到我時，我站起來
　　且唱得很清楚很快樂
　　完全地享受自己
　　我的老師卻要我參加唱歌比賽，而且要得冠軍
　　爲什麼小孩很天眞且充滿喜悅的唱歌，一定要
　　變成一場比賽？
　　……
　　我的老師是那個要我得冠軍的人
　　而我只是想唱歌

音樂（如唱歌）本身沒有目的？只在達成表演的目的、比賽得冠軍？

　　藝術教育脫離不了工具主義的幽靈？

　　兒童沒有藝術創作的自主空間？教師可隨時介入？

　　教師沒有生活在兒童主體、教材邏輯和教師哲學三者間的緊張性中？

　　藝術教育路迢遙？

課程語錄 *123*
藝術教育路迢遙

　　語錄122用音樂家的一首童詩點出了藝術教育的困境，藝術教育者Davis描繪的「五年級兒童作畫的情景」更驗證了藝術教育只是意思意思。

　　一位五年級兒童在教室一角作畫，想像力馳騁，好不愉快；老師走到旁邊來看他畫畫，他更高興，今天這幅畫一定是最棒的，一定要掛在家裡客廳的牆上……

　　但老師對這些都不在意，一再指示他，這裡要寫上：爸爸、媽媽、哥哥，還要他在擁擠的畫面中，寫下「我的家人」！

Davis由此指出藝術教育的困境：

・藝術與情緒有關，無益於知性的學習。
・學校偏重讀、寫、算，畫畫只是引導兒童到更

重要的文字學習，兒童不必畫很多，但一定要「寫」很多。

· 兒童作畫的空間不是自己的，教師可隨時介入。

· 畫本身沒有意義，靠文字賦予意義。

· 藝術常被用作引起動機的材料，以引發情緒，學習真正的課題，記憶冰冷的、生硬的「事實」，只是教學的餌。

在這種潛在課程下，藝術與人文領域課程綱要，要如何突破困境呢？

課程語錄 *124*
教科書何時不再是教科書？

加拿大日裔課程學者Aoki請教名小號手Bobby Shew兩個問題：對音樂家而言，樂器何時不再是樂器？什麼是即興演奏？

Bobby Shew說：「當我投入於演奏時，小號就和音樂、身體合而為一了。音樂演奏不僅聽自己的聲音，更要聽他人的聲音，隨周遭環境的聲音而變化，這就是即興演奏！」

請問各位教育工作者，我們的樂器——教科書，何時不再是樂器？教學如何即興演奏？

課程語錄 *125*
課程改革的後現代觀

　　課程語錄122、123、124都提到藝術教育改革的困境，藝術教育改革沒有SOP可循，教師需具備即興演奏的能力，因此需有課程改革的後現代觀！

　　後現代觀是放棄標準一致的傳統心態，尊重多元、獨特，能容忍改革引起的模糊、焦慮、雜音等，相信過程、等待模糊等帶來創意，期待更多、更豐富。

　　但大多數行政人員、教師仍擁抱現代性，仍鍾情於大合唱，因此語錄也呼籲教師要加強教學設計（design）（而非教學計畫〔planning〕），要送走行為主義的幽靈，讓師生體驗美感經驗。

　　後現代社會，需要課程改革的後現代觀，藝術教育更需有後現代觀！

課程語錄 *126*
學習共同體是互學，而不是互教

臺灣實施學習共同體的缺點之一是偏重互教，忽視了互學，老師總是說：「會的教不會的哦！」總是指定會的當小組長，來教不會的同學。

互教對雙方都沒有好處，教者（會的）教一、兩次就厭煩了，而被教者養成等的習慣：反正一定有人來教我，於是放棄任何學習的機會。

我請教濱之鄉小學的一位老師怎樣讓學生互學，她指著牆上的學習公約說：「先教導學生不懂的地方一定要問、要請教別人，被請教時要細心聽，然後提出可能解決的途徑讓對方思考，而不是把答案給他（她）。」老師說，這些都要一再提醒學生。

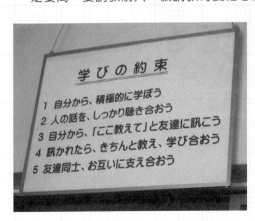

学びの約束

1 自分から、積極的に学ぼう
2 人の話を、しっかり聴き合おう
3 自分から、「ここ教えて」と友達に訊こう
4 訊かれたら、きちんと教え、学び合おう
5 友達同士、お互いに支え合おう

所以學習共同體是互問、互聽、互學，教師要營造一個安全、安定、安心的、支持性的課堂，讓學生敢顯現脆弱性、敢發問、敢說我不會，不怕被教師罵，不怕被同學笑，在互問互聽中，彼此搭鷹架，一起學習。

課程語錄 *127*
最高齡的公開授課者

　　觀摩教學是教師專業成長的重要方式，但傳統的觀摩教學強調上好課以為示範、供觀摩之意，焦點在教師如何教，而不是學生如何學，評鑑、管理教師的意味濃厚；佐藤學的學習共同體，依據日本授業研究（lesson study）的精神，將它改為教師們針對學生學習情形，在備、觀、議課中一起學習。

　　我18歲開始教書，作過無數次的觀摩教學，其中印象最深刻的是103年3月，在臺灣首府大學擔任人文教育學院院長時，以70歲高齡作了一場公開課。

　　民國100年，雙北市率先引進學習共同體。102年，我在臺灣首府大學擔任人文教育學院院長，佐藤學教授介紹Cerbin的 *Lesson Study* 這本新書給我，是Cerbin教授在維斯康新大學推動lesson study的實踐紀錄，頗受啟發，也想在我院試試，很快地獲得校長、副

校長支持，並在院務會議通過。

　　我們先邀請附近的學校如曾文家商、北門農工、官田國中小等組成策略聯盟，舉辦讀書會七次，閱讀Cerbin的書、論文，和佐藤學的著作，了解lesson study的概念和作法。

　　我自告奮勇擔任第一次公開課，當時我任教育研究所碩一教育研究法的課，這節課就以研究法上的實證、詮釋、批判等三典範，在教育研究目的、內容、方法的差異，我的設計是請學生以「臺灣農村小校英語教學實施之研究」為例，思考上述問題，先分組討論、團體討論，再完成作業。

　　備課時，幼教系、應用外語系老師立刻說，這些概念都很複雜，一節課學生消化得了嗎？一下就搖醒了我的專家知識的盲點，大家對學生的認知的同理心有深刻的討論。至於觀課議課，因為是第一次，品質不高，但能在議課時探討如何觀議課，也是一種脈絡化的學習。

這是臺灣第一所實施lesson study的大學，引起高教界和媒體的注意，後來有些大學也跟進，蔚成一股大學教學學術研究（scholarship of teaching and learning, SoTL）的風氣。

　　這才是大學教學卓越的真意，我作為最高齡的公開授課者，希望對大學教學改革能有一些貢獻。

課程語錄 *128*
教學是聆聽、串聯和回歸

　　臺灣老師對佐藤學這句話都能琅琅上口，但幾人理解、實踐？

　　佐藤教授說，臺灣的老師用心於分組討論的設計，相對忽視了討論後的處理，使討論結果打了很大的折扣，這就是教師沒有作好串聯和回歸。

　　第一，一組報告完後，通常是老師回應、評鑑：很好、加五分、加五朵花。這是傳統的IRE的課堂溝通方式：教師initial，學生response，教師evaluation，然後又再一個IRE。知識被割裂，未形成網絡。

　　而串聯是把答案（知識）拋給其他組（同學），讓知識在教室迴盪，學生們對知識補充、深化、拓展中，形成文化網、心理網、情感網，這就是互學，就是串聯；教師適時引導學生的知識和文本對話，和學生的生活、經驗自傳對話，產生自己的意義，這就是回歸，回到文本，回到學生。

第二，小組報告不是意見交流，而是相互探究，前者是講些已經知道的，只是聊天；但後者是探索未知的，相互搭鷹架，建構知識。

第三，不是每組都要報告，找答案特殊的、錯誤的、討論順暢的，或尚未完成的組就可以了。

從學生觀點來看，佐藤教授的話可改為：學習就是聆聽、反芻、意義化。

課程語錄 *129* 深度學習

　　深度學習是世界各國課程、教學改革的重大趨勢，如日本2013年頒布的中小學新學習指導要領（課程標準），就揭櫫深度學習（deep active learning）為本次課程修訂的最大特色。

　　日本東京大學教育學部秋田喜代美教授來臺灣推展學習共同體時，多次提到深度學習，她強調，深度學習是由深度的課題（JUMP）、深度的關係和深度理解三要素組成，如圖一所示。

　　首先，教師要精心設計JUMP的課題，挑戰學生！

　　第二，深度理解方面，語錄提到深度的素養觀，如深度的閱讀，閱讀字裡行間，閱讀弦外之音、書頁之外，閱讀到作者沒有說的、沒有寫的，而且要將文本與自己的內在對話。

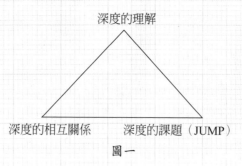

深度的理解

深度的相互關係　　　深度的課題（JUMP）

圖一

第三，親師生要建立深度的關係，如語錄52所言，學習共同體強調學習是親、師、生共同創造的，大家都一起學習、互相學習，而且互學是基於深度的聆聽和凝視，不帶任何預設或偏見來聽和看，準備影響、感動別人，也準備被他們影響、感動，產生彼此間內省式共感的互動（intraactive），這樣的互動是深度的。

　　這種內省式共感的互動奠定了共好的基礎，親師生長期對話、互動、互學，漸漸地，語言共同、願景共有、情緒共享，手牽手、心連心，人人都是成功故事的一員，產生一家人的歸屬感，休戚與共，榮辱一體。學校不再只是血緣、地緣等結合而成的生活共同體，而是基於共同的願景、情感和想像的學習共同體，向優質、卓越邁進！

　　這種深度的相互關係，奠定深度學習的基礎。

　　學生的創意決定於教師的創意，有深度學習的老師，才有深度學習的學生。教師囫圇吞棗，學生如何可能享受甜棗的蜜汁？

課程語錄 *130*
課程慎思（deliberation）

課程慎思是課程學者Schwab提出的概念，教師作課程決定時，面臨很多的利害權衡，因此要有擇宜的藝術，以選擇最適宜的方案。Schwab強調課程慎思是訓練有素的課程對話，要聚焦於五個共同要素，即教師（學）、學生、知識、環境和課程設計，如圖一所示。

因此，課程慎思是學校課程發展委員會或教師備觀議課中最重要的過程。

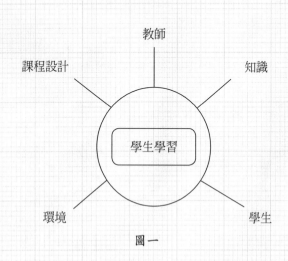

圖一

但我請教過幾位國中小教務主任，課發會中討論些什麼？他／她們都說，只討論課程設計而已。臺灣教師在議課時，因受佐藤教授說不評論教師的影響，幾乎都在談論學生互動情形，而且只看到表面現象，沒有深入探討背後的原因。

從課程慎思的觀點來看，臺灣中小學課發會和議課的內涵和品質仍有待提升，這也是當前課改的重要課題。

課程語錄 *131* 從教中學

　　教、學及其關係錯綜複雜，教師需有能力從這種複雜的關係中學習。

　　語錄130提過臺灣中小學課發會或教師備觀議課時，偏重對學生對話的分析，且只說表面的現象，沒有深入分析背後的原因，顯現教師從教中學的能力有待提升。

　　美國教育學者Hiebert等提出一個教學分析的「架構」，聚焦於教與學的關係，正可彌補我們忽視教學分析的不足。

　　這個架構分四部分：

　　一、教師需對學生的學習有整體的了解（即學生要學什麼），要掌握每一教學事件的目標，但更要注意到教學過程中漸漸浮現的目標，而有即興演奏的能力。

　　二、對教、學作實徵性的觀察，蒐集證據，說明學生學到了什麼，如：學生口頭或書面報告有否使用特定的學科語言？最重要的證據是能看見學生的思考。

三、建立關於教學對學習影響的假設，但教師要抱持懷疑主義，將假設視為將研究的課題，而非結果。

　　四、利用研究結果提出教學改進的方案，說明教學如何有效地協助學習。

　　教師要能實施這種研究導向的、證據本位的教學研究，才能從自己（或他人）的教學中學習。

課程語錄 *132* 美學社群

　　教育社群、專業社群是1990年代興起的教育、課程改革策略之一，臺灣也盛極一時，但後來受限於功能論、管理論、行為論，社群論述和運作陷入僵化。

　　教育哲學家Greene提出美學社群的概念，即：社群要有活力和生命力在不斷建構當中，她稱之為正在形成的社群（community-in-the-making）或道德社群。

　　首先，要將美學或藝術的概念和思維放入社群運作內，讓教師與藝術相遇，讓方法與藝術相遇，能進行藝術為本的課程研究、A/R/T的行動研究。當教師的藝術素養增強時，對課程、教學評量就有更豐富的視野。

　　第二，社群運作要有創意和想像，才會有活力和可能性。

　　第三，社群的典範、價值、規範、語言要不斷提升、精緻。

　　第四，教師要覺醒社群對自己的專業和學生學習的影響，加強研究導向的證據本位的教學分析。

臺灣教師社群如何邁向美學社群？

第一，要打破各項框架，不要只是本校同學科教師組成，盡可能跨校、跨領域，甚至異業結盟，視野才能開闊。

第二，教師覺醒參與社群的意義，不斷學習、創新知識。

第三，慎選社群領導人。

課程語錄 *133*
課程史的複雜性

臺灣的教科書政策從一綱一本發展到一綱多本，這個論述（知識）就巨觀而言，應無疑義；但如課程史學者Goodson所言，如果只從巨觀的課程理論來看，而忽視了課程在微觀層次上，如何協商、運作，那課程史（知識）是很危險的。

因為課程史是複雜的、不可預測的，是誤打誤撞的、擦槍走火的，常有意想不到的收穫。

首先，綱、本及其關係，在不同的歷史時期有不同的意義。一綱一本是依據課程標準編教科書，教育部一修訂課程標準，國立編譯館立刻編新的教科書，當時威權時代，教科書只有國定本，因此是一綱一本。

但在民主化潮流下，國定制教科書制度被打破。民國77年國小藝能科教科書開放，開啓一綱多本教科書政策；民國80年、民國89年，國中小教科書相繼全面開放。

語錄118提過，64年國小課程標準因種種因素遲未修定，教育部乃於民國77年實施「教科書適切合理化」，在未修定課程標準的情形下，修定教科書。

這時，國立編譯館聘顏秉嶼教授（時任新竹師範學院院長）為國小生活與倫理科教科書編審委員會主任委員，並聘我（時任國立臺北師範學院教務長）和同為新竹師專（師範學院）價值教學研究小組的成員幾人為委員，我們和資深委員間對倫理道德的目的、方法、內容有激烈的爭執，但我們有堅強的理論基礎和實證資料，終於取得了主導權，將充滿主義、領袖國家的64年課程標準下的生活與倫理，修訂為一套以兒童生活經驗為經，以價值澄清、培養社會行動力為緯的新生活與倫理教科書。

這是臺灣第一套綱本不一致的教科書，綱和本是拼貼的，其實這是兩綱一本：一個綱是64年課程標準；另一是我們價值教學小組心中的課程標準。

更意外的是，103年國民黨馬政府實施中小學社會領域課綱微調，由於修訂合理性、修訂組織、程序有太多瑕疵，引起社會巨大反彈，高中生也走上街頭抗議，教育部為舒緩民怨，只好宣布105學年度下學期，高中社會領域新舊課綱並行，即高中社會領域教科書進入兩

綱（多綱）多本的制度，而且多綱多本還在班級層次實施；但2016年民進黨蔡英文當選總統，教育部長潘文忠立刻於上任次日（5月21日）廢止微調新課綱，高中教科書實施了短暫的兩綱多本，又回復為一綱多本。

這段故事，讓你／妳對臺灣中小學教科書政策由一綱一本發展為一綱多本的論述，有何新的看法？對課程史有何新的想像和期待？

人是歷史的存有，我們都活在歷史上，都在創造歷史，都在創造課程史！

課程語錄 *134*
對話是教師改變的催化劑

在語錄130課程慎思、132美學社群中,都提到教師課程對話的重要性,英國教育學者Penlington更說,課程對話是教師改變的催化劑,他的說法是:對話是一種實踐推理(practical reasoning)過程,據此,人作關於行動的決定。

實踐推理、對話隱含著「他者性」(otherness)的概念,對話是兩人(或以上)間的交互作用,是多面項的關係,從很多觀點思考問題,對問題有不同的看見。

這種他者性是一種後現代倫理,彼此深度的聆聽與凝視,產生A/R/T學者所說的相互具現化(interembodied),人與客體(人、事、物)有漸次接近的感覺,產生社群的連帶感、一體感,這就是美學社群。

妳／你在對話中如何覺醒他者性？對你／妳的決定和行動有何影響？

課程語錄 *135*
統整課程——「整」老師？

　　統整課程是九年一貫課程的核心概念，也是實施最失敗的地方。

　　任何課程改革，教師都要背負無能的罪名，都被迫參加很多的研習。統整課程決策者認為，社會領域教學是歷史教師同時要教地理和公民，因此要進修學分，補足社會領域的專業。歷史教師要補足地理、公民的專業，國中老師覺得他／她們被「整」得很慘！

　　教師覺得被整另一原因是，統整課程實施忽視學科及其對教師主體的影響，從知識社會學的觀點來看，歷史、地理學科比國小的社會領域更專業、更高階層，而統整課程把歷史、地理統整為社會領域，歷史教授、中學歷史教師認為自己被非專業化、被低階層化，降低他／她們的地位和主體。師大退休地理教授這麼說：「我一生研究地理，但課程改革把歷史、地理都弄掉了，這不是亡國的課程？」結果，學科專家（包括臺大、清大、中研院）慫恿中學教師一起反對。

統整課程是教師們要打破學科界限，和學生一起設計課程，衝擊傳統以學科為焦點、教師孤立的學校文化，從開始就遭受教師抗拒，甚至有學者說，統整課程從未在國中實施。就我們在新北市市郊山水中學（匿名）國中部的研究也發現，九年一貫試辦時，該校也努力推過，但難度太高作不下去，九年一貫課程正式實施後就採用教科書，但國中社會雖為一本教科書，內容切割為歷史、地理、社會三部分，歷史、地理教師分別拿歷史、地理部分去教，完全沒有統整！

統整課程的改革掀起各大學學科專家，和國中教師、學科城堡的保衛戰，尚未實施，就胎死腹中！

課程語錄 *136*
統整課程的模式

　　語錄61提過，國教院課發會上，我一再強調課程統整在今天生活上的重要性，但大部分委員都鑒於統整課程在九年一貫課程實施的失敗，只強調跨領域；但捨統整如何跨領域？我總覺得讓教師從失敗中學習，從統整課程跌倒，就從統整課程站起來，應該是很好的學習！

　　後來范信賢主任也在教師研習時建議，部定課程採用多學科統整，校訂課程則多採用科際統整或超學科統整。

　　我贊同這種作法，這三種模式在九年一貫課程時都實施過。多學科統整通常是選擇一個主題，如某國中五十周年慶擬定的「○中五十」，將語文、數學、歷史、地理等各學科與主題有關內容一起教，嚴格來說，這只是一種「聯絡教學」。統整課程是綜合果汁，但多學科統整是綜合果盤（如圖一），學科仍然是分立的。

　　多學科模式的另一缺點是缺少「組織中心」，不知統整到哪兒，如包粽子時沒有粽結（如圖二），每粒粽

子仍是孤立的，科際整合模式就可彌補這些缺點。前述「○中五十」的多學科統整，如果各科教師們多花些時間集體備課（課程慎思），相信大家都發現，想利用學校五十周年校慶的課程，深化學生對變遷（change）這個概念及其有關的原理原則的理解，變遷就成為組織中心之一，各科教師貢獻智慧設計活動，每個活動都統整到知識（變遷的概念、原理原則）。如統整課程學者說的：知識是統整課程的盟友，不是敵人。

因此我建議各校教師好好研究新課綱、領綱和教科書內容，找出部定課程的知識（概念、原理原則……）、能力、素養等，作為校訂課程科際統整或超學科統整的組織中心。這樣，校訂課程不僅是從在地脈絡長出來的，和部定課程更緊密關聯，也更能回應世界的脈動。

至於各領域（學科）的專題研究（或製作），則以超學科模式為宜，如問題解決、經驗敘說等屬之。

多學科統整　課程統整
　　　　　　 —綜合果汁
　　　圖一

粽結
組織中心

圖二

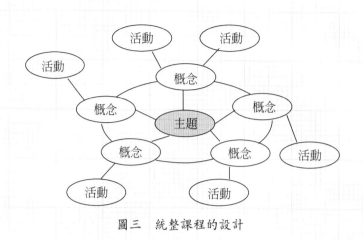

圖三　統整課程的設計

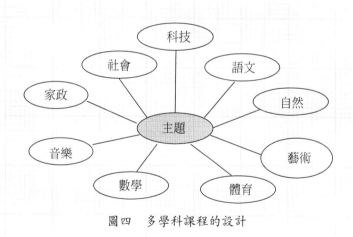

圖四　多學科課程的設計

課程語錄 *137*
口述歷史　誰的歷史？

　　106年，黃光雄老師80嵩壽，業生編一本文集為他祝賀，我努力寫一篇〈黃光雄老師的竹師驚豔〉，將69-73年我擔任校長室祕書時體驗到的黃老師的竹師治理。事後，我請教黃老師所述是否正確，老師說：「很好啊！只是感覺到是在寫你呢？還是在寫我？」

　　105年，白亦方博士主編課程改革專書向我邀稿，這時章五奇老師正在訪談我，準備出版我的傳記，我請五奇就臺灣第一套鄉土教學活動課程標準的部分，整理成稿，五奇很快就完成臺灣第一套鄉土課程標準之課程史分析。我看了稿，向五奇說：「寫得很好，只是原音太少！」

　　106年，我和周淑卿教授利用口述歷史的方法，對參與過國立編譯館教科書編審委員的教授80人作了深度訪談，完成《臺灣國民中小學教科書課程觀的演變》的專著，我認為這是臺灣教科書（史）研究百年來的創舉，也為教科書研究豎立了新的里程碑！

這時，我們就面臨一個議題：口述史是誰的歷史？

五奇這篇寫得很好，審稿委員也隻字未改就接受，只是我倆的重點不同，她把重點放在80年代初期的鄉土教育的發展脈絡及其政治意義；但我認為，口述歷史要強調當事人所經歷的鮮為人知的黑箱，以補充文獻的不足。教育部在82年國小課程標準增設「鄉土教學活動」，顯然有其政治意涵，但我沒有參與決策過程，所以這個科目的政治意義不是我可置喙的。我要說的是，我們如何從教育（鄉土教育）的觀點，發展出這套鄉土教學活潑課程標準，不是外界批評的政治任務或為狹隘的臺灣意識服務；我們從人文主義、社會建構論、多元文化論、自我概念論等，探討鄉土教育、課程的理論基礎，將鄉土課程定位為生活教育、人格教育、情意教育、世界觀教育的一環，並如何將這些理念轉化為課程標準。

這才是原音，甚至是主旋律！

口述史是誰的歷史？這是歷史研究上的議題，也是一種研究倫理！

課程語錄 *138* 即興演奏

　　今天教師不能只照表操課、照既定的舞步跳舞，更要有即興演奏的能力！

　　傳統的課堂是教師的個人秀，主導課堂的旋律和節奏；但即興演奏是師生、教材的相互唱和，師生都要有自己是社群中的成員的歸屬感，彼此誠心在一起，相互尊重，將與其他人的溝通置於自我之上，聆聽課堂的節奏，敏於教室的情境並立即回應，在這種忘記自我、建構整體社群經驗的精神下，建構新的現實。

　　這也是一種創造性的過程，藝術家McNiff邀請教師要走進這種藝術性的過程，相信過程，等待新奇的事發生。

　　最重要的是，教師要與兒童處於「愛」的相互性中，兒童不屬於教師，不是教師的資產、教師的傀儡，

或科學研究的對象；反而是教師屬於學生，要和學生一起學習，向學生學習！

課程語錄 *139*
身體化（embodiment）

　　語錄多次提過，身體本來是課程的一部分，後來理性主義當道，身心二分，將知識視為心智（mind）的領域，學習經驗來自於知性的心靈，身體被低貶為主觀的、有害於知識的學習，因此被排除於課程之外，從知識流亡。

　　後現代主義學者，如A/R/T研究者、藝術本位研究者，繼「語言學轉向」後提出「身體轉向」，為身體復權，讓身體回鄉，讓教學學習擁抱身體，身體化的學術思潮又上舞臺。

　　Derry認為身體化是個多義的流行詞，或指周密思考過的理念，或敘述一個內容廣泛的知識體，是一種求知、存有或經驗的方式，超越傳統上偏重知性的、邏輯的、理性的知識形式，而包含情緒、文化、身體的感覺和生活經驗等身體的主觀經驗。

這種身體化的求知、存有和經驗方式，包含感覺、知覺、身心的行動和回應，包含更廣泛的人的經驗。

課程語錄 *140*
課程是夢想文本

　　Pinar用文本來理解課程，如課程是美學文本，從美學藝術的視野和脈絡來探究課程，但他沒提到課程是夢想文本。M. Morris和M. Doll提出課程是夢想文本，強調夢激發學生冒險，刺激兒童過更有想像力的生活。

　　教師要允許學生作夢、說夢話，一起探討他們的夢，經由說故事、繪畫、詩、歌、舞、戲劇等表達出來，這些藝術形式讓生活有型，讓聲音和顏色有型，更豐富人的生活。

　　書寫也是一種儀式，引導夢進入文本，將夢想轉為形式，與內在對話，是一種解放、一種靈性的更新，激起新的火花。書寫讓人激動，是人生命的血液。

　　夢想與病痛等靈性的脆弱性緊密關聯，所以病痛表示回到陰影，回到幻想，回到夢。多與身體和身體所在的空間對話，回到病，回到心的家，回到靈性的家。

課語語錄 *141*
活在自己的質的時間

歲末迎新，大家都有光陰似箭、日月如梭的感慨。

古希臘人將這種傳統的時間觀，稱為計時器時間（chronos），是永不復還的，人有兒童期，而且只有一次，課表上的第一、二、三……節課就是基於這種時間觀的假定。

但古希臘人認為還有一種時間觀：kairos，如藝術家沉浸於創作時，焚膏繼晷、日以繼夜，忘了時間的流逝，享受現在的瞬間。

當我們費心於靈魂的工作，作我們所愛，時間就迅速流逝。

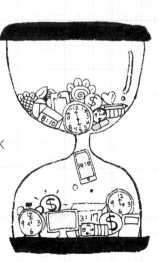

佐藤學教授強調師生重建課堂的時間觀，由流水式的計時器時間，轉為堆雪式時間（kairos），師生一起創造自己課堂的、質的、當下的時間。

課程語錄 *142*
影像（image）的藝術功能

藝術為本的研究者善用影像，如圖片、影片、照片、繪畫、卡通、地圖、符號、象徵物等，一張越戰的圖片，比好幾篇I級學術論文更突顯戰爭的殘酷，不同的影像引導不同的求知方式，增強對人類情境的理解。

Weber強調影像的藝術功能：

一、掌握只可意會不可言傳的知識，能接近某些語言、文字或數字無法表出的知識，如豐富戰爭、貧窮、病痛、汙染等概念的深、廣度。

二、讓我們用新的方式注意某些東西，迫使我們用新的觀看和行動方式，顯現平常中的不平常。

三、更激發讀者情緒和認知反應，更注意到弦外之音。

四、以更有效率的方式整合整體和部分，傳遞更多元的、整全的訊息。

五、能增強同理心，和概括化協助我們用他人的凝視，看見不同的觀點。

　　校長、教師們如何善用影像，加強教學和研究？

課程語錄 *143*
再魅化（reenchanted）

先民崇拜自然、天人合一，驚異於自然的神祕力量（enchanted），尤其是雷、電，認為那是上天對他們的懲罰，因此用虔敬的心製作巨大雕刻、建築，以歌舞等儀式祭天敬酒，表達對天的敬意。

但後來理性主義興起，科技理性思維當道，科技萬能主義者更堅信人定勝天，科技能解決萬事萬物，欲將自然除魅化（disenchanted）。

但近年來席捲各地的天災，未必不是上天懲罰人類傲慢的人禍，所以後現代課程學者強調自然返魅化（reenchanted），重回自然的奧祕和神聖，重構一套身心靈一體的價值系統（3S, science story spiritual），整全發展。

這正是今天教育工作者們面臨的挑戰！

課程語錄 *144*
課程是靈性的旅程

靈性是後現代課程研究議題之一。

Pinar在「課程是神學」文本中提到靈性，王紅宇則依據Huebner的陌生人的隱喻，深化課程教學是靈性旅程的理念。

Huebner陌生人的隱喻，喚起課程中的豐富和超越，使教育成為不斷地進入生命中的新奇、新鮮、驚豔的旅程，因此他率先提出教育、課程需有詩性智慧（靈性的、詩性的）的語言，以克服技術語言的貧瘠和偏頗，將生命的活力和宇宙的創生力放進課程、教學內。

課程、教學是靈性的旅程，不斷地超越被給定的、已知的，不斷地打開新方式、新知識、新關係和新覺醒的可能性，師生傾聽並回應陌生人的呼喚，伴隨陌生人走進生命的神祕旅程，這些都是在與陌生人愛的共舞中，在遊戲中被遊戲建構的。

經驗靈性的領域，就是冒險地進入未知的陌生性，創造求知生活和存在的新方式，培養意識、意志、想像、愛等，放空我是誰，我作了什麼，使新的自我產生！

　　課程、教學是靈性旅程，我們啓程吧！

課程語錄 *145* 課程治理

今天強調轉型的課程領導，亟需加強課程治理的能力。

治理來自於Foucault「治理術」（governmentality）的概念，Foucault強調除傳統的、壓制性的管理權力外，還有規訓權力，這是發展性的權力，像人的血液不是集中腦部，而是隨微血管分布於全身一樣，教育權力也不是集中於教育部長或學校校長，教師、學生（和體制中的每個人）都擁有權力，生產管理自己的知識，參與於自我治理，人從被管理的客體轉變為自我管理的主體。

所以組織中的每個人是被組織管理的客體，同時也是自我管理的主體。Foucault說，人被管理和自我管理的接合處，就是治理性；人經由自己創造的知識規訓自己，心悅誠服地接受政府的管理，所以治理術肯定人是自發的主體，而且要激發人的慾望，讓他／她們感到愉悅，愉悅才是使脆弱的權力關係成功運作的因素。

治理術，讓個人願景融入組織願景，達成個人目標同時達成組織目標，是領導藝術的極致，看似無為，卻是有治！

　　那領導者要如何強化治理合理性（知識論述），如何精緻治理技藝，以實施課程治理？

課程語錄 *146* do history

今天do history、do mathematic等成為重要的學習概念，東京大學教育學院秋田喜代美教授將do詮釋為探究，如do history是探究歷史，吟味和鑑賞歷史，很棒的詮釋！

探究歷史是邀請學生進入歷史學術社群內，向歷史學家們學習如何蒐集、分析、詮釋歷史資料，用什麼語言、概念、原理原則來傳達歷史知識，和歷史學家一樣思考。人是歷史的存有，在和歷史學術和歷史學家遊戲中，建構歷史知識，這就是吟味、鑑賞歷史！

課程學者Foshay強調課程，尤其是歷史課程在建構「美學我」上的重要性，不僅要將歷史書寫為文學，歷史更需有美學特質，如：形式、風格和內容三者的適配得宜，加以分析、討論和批判，才能產生情緒感染力，影響學生。

但他批評今天學生閱讀的歷史，只是檔案管理師編排過的歷史，沒有文學也沒有美學特質！

　　do history不僅是認識論的、方法論的，更是存在論的、靈性的！

　　也希望每個人在do history中奠定自己的史觀！

課程語錄 *147* 納入 / 排除？

語錄112在談及日本課程改革時，有提過課程改革中納入inclusion/exclusion的理念。

這是Foucault學派的重要概念之一，Pokewitz一再說，教育研究要將納入 / 排除視為相互型構的，納入同時排除，這與新馬克斯主義迥異其趣。Apple只強調一方排除，另一方納入。

Popkewitz學派日本宇都宮大學戚潔教授（Qi大陸籍），採用Foucault現在的歷史的方法，探討第二次戰後日本的國際化教育後發現，日本每一階段課改的國際化的概念、意義都不一樣，表面強調國際化，但骨子裡仍以日本化為主，日本人論、理想的日本國民圖像才是課程政策的主軸，全球化被隱藏在日本化下被排除了。

臺灣1990年代的許多改革，被批評為「批著羊皮的狼」、「快樂學習安樂死」，事實上是納入 / 排除的結果。

可見課程改革是複雜的，不是因果的、不可預測的，不斷地在納入／排除，指引別人怎麼作是危險的，片面地接受別人的意見也是危險的。

課程語錄 *148*
與陌生性共舞！

陌生人是課程研究上的主要隱喻，一如Greene強調教師是陌生人，教育工作者要學習與陌生性共舞！

教師要向存在主義者學習，以陌生性作為自己內在對話的工具。

向現象學學者學習，以陌生性作為探索和慎獨的場域。

向後結構主義者學習，游移於陌生／熟悉間，發現第三空間，找尋逃逸路線。

向批判教育論者學習，以差異和聲音作為教學政治。

課程語錄 *149*
非理性的思考方式？

　　人類本來就用兩種思考：邏輯思考和神話（故事）思考，前者是理性的、真實的，後者是想像的、詩性的；但現代性獨尊理性，將非理性（arational）視為病理的，不具研究、思考的合法性。

　　現在A/R/T研究者反省，非理性並不是不理性（irrational），而是對理性或不理性加以批判和超越，提供和理性思維不同的知識來源、求知和看見的方式。

　　而A/R/T研究者、藝術為本研究者，利用說故事、對話、社會劇、宗教經驗、靈性實踐和美感經驗，如女性MC、催眠、戶外哺乳等，來探討人類經驗中的靈性神祕、人際的層面，用精緻的、詩性的方式，如詩歌、戲劇、舞蹈、繪畫等表達出來。

他們用這種身體化的感性及其可能性，因而能接近人的心智隱藏的，或認為不適當的資料，揭露被隱蔽的、沒有說出的，更激發理性的思考，重新評估其暗默的假定，覺醒藝術家自我、研究者自我，和教育者間的自我內在的合作關係，更顯現研究的複雜性和生命力。

課程語錄 *150* 觸覺轉向

後現代課程學者繼語言學轉向之後,再倡身體轉向,本世紀初東西方同時倡導聽覺轉向,Aoki呼應Huebner職業(vocare)是呼喚的呼籲;佐藤學教授則倡導寧靜的革命,學習始於聆聽。

他們都強調人是聲音的存有,現在應該是聽覺合法化的時候了。

現在A/R/T學者又強調觸覺轉向,打破視覺優先性,利用spacing空間擴展性的概念,強調人與其他客體(人、事、物)在空間中產生漸漸趨近的感覺,確認彼此的期待、一體和連帶性,並適時利用語言、神情、姿態等加深內在性的共感。

課程語錄 *151* 抗拒美學？

　　有權力就有抗拒，抗拒是要反抗被給定的、單一的，超越被給定的、單一的，故抗拒是創意的、創發的，有美學特質。

　　據2010年3月18日媒體報導，臺南女中學生為爭取制服發言權，透過網路、手機簡訊串聯，在朝會升旗結束、校長準備致詞時，一千多名學生集體脫下長褲，露出預先穿在裡面的運動短褲，並大喊：「我要南女小短褲。」抗議學校要求她們運動短褲只能在上體育課時穿著的規定。

當千餘件褲子舞向南部蔚藍的天空時……

這場抗拒之舞，創下女高中生最壯觀的抗拒美學，而臺南女中這些女孩們，學到Foucault所說的：「從身體發生，經由身體，與身體一起，在身體上完成的、民主的、賦權增能的學習。」實踐了身體自主權！

課程語錄 *152* 第三空間？

　　某保養品公司促銷產品的巨大廣告：「消除黑就是白」，引起了注意。我們的世界只有兩種顏色：非黑即白？

　　這種理性主義，either/or，非此即彼的思考方式，是一種限制思考的威權論述，也滲透到教育世界，如：推展統整課程時，課程只有分科和統整課程兩種；推動一綱多本教科書政策時，教科書世界只有一綱一本和兩本，走不出「不是這個／就是那個」的泥淖，阻礙了改革。

　　現在後殖民主義和後結構主義提出第三空間的概念，如老子說的：一生二，二生三，三就是多。所以第三空間是生成的、轉型的、創發的、可能性的空間，這裡「既有這個，也有那個」，還有很多。

　　我們要學習Deleuze的多元性哲學，加強地下莖思考、and的思考，有很多「和」（and）和「和」……

尋找逃逸路線，發現第三空間，既有一綱一本，也有一綱多本，還有多綱多本……無綱無本。看似無路，但條條是路；看似無家，但處處是家。

課程語錄 *153* 全球化？

全球化，鋪天蓋地，是全球西化？全球暖化？或？

Smith（2003）從後現代詮釋學的觀點，探討全球化脈絡下的學校，他說：如果學校要繼續存在，不應該仍然是傳統的教學與學習的場所，而是人需求資訊的聚會所，是共享和慎思資訊的地方，兒童和成人一起生活在相互性裡，學習著共享生命，體會相互理解和分享，是繼續的過程。只有在愛的世界裡才有可能！

所以全球化課程與教學是在分享彼此的視野，藉著彼此的故事團結在一起，這時我們覺知深度容忍和接受的必要；沒有深度容忍和接受，就沒有社群，沒有共同隸屬感，而且社群成為尋找寧靜、享受寧靜的地方。

當代課程理論隱含了全球化脈絡下西方求知和存在方式的帝國主義，於是東西方開始不可能的相遇，開始對話！展開東西方智慧的互文本！

　　所以全球化是全球對話！

課程語錄 *154* 樹的課程

　　常在臉友學校的課程設計中看到「樹的課程」很好！我說，我也可以去上課，重溫幼時爬樹偷摘鄰居水果的經驗？

　　樹是校園中稀鬆平常的藝術品，但在匆忙中，誰注意到他們？兒童、藝術家是發明的朝聖者，但匆忙、匆促毀滅了兒童和藝術家！

　　當我們靜下心來坐、躺臥在樹下，聆聽他的聲音，聞聞他的味道，溫柔地和他對話，他會帶我們脫離日常性、熟悉性。

這時想像力馳騁，聚斂於美感經驗的可能性，深度的聆聽、凝視，讓顏色、聲音、形狀、結構沉澱為我的存在。

　　覺醒這種可學習時刻，正是樹課程的真意！學習樹的智慧，和他一起作夢，一起說故事，一起飛舞。

課程語錄 *155*
精緻學習小組的空間

　　最近美學領導、情緒領導專書問世，組織空間及其美學、情緒意義成為研究主題，強調學習小組物理空間及桌椅、書包、教材等的配置，具體展現了教室生活的心理動態空間，隱含著學校的文化價值，形塑師生和學校主體。

　　Klein強調其社會的、認知的、美學的、沉思的功能。首先，小組是師生對話討論、分享和溝通的場域，在工作學習、思考、感覺中創造新空間。

　　其次，學習是知性的、認知的，工作小組要成為反思、作決定和解決問題的場所，創造的、想像的、思考的地方。

　　第三，小組是美學的、個人的空間，要愉悅、溫馨性、挑戰性。

最後，是沉思的空間，沉思也是學習。

學習在沉思中反省思考，調節情緒，豐富學習和生活。

精緻空間的功能，也能強化深度學習！

課程語錄 *156* 解殖民課程

　　作為一位教育工作者，你／妳有澄清過自己的人性論、兒童觀、教育觀嗎？有覺醒自己的人生信仰、政治意識型態、性傾向等嗎？

　　後殖民主義者Kincheloe認為，這是一種批判本體論的工作，而且是解殖民課程的焦點，教育者在這個工作中進行理論與實務的辯證，發現自己、發現他者，及自己與他者的關係。

　　Kincheloe一直用批判本體論搖醒我們共生的智慧，我們與他者共生在社會系統中，與萬物共生在生態系統中，與各種價值信念共生在文化系統中。

　　因此他強調，我們要依據後殖民主義的精神發展解殖民課程，善用先民瘋狂的智慧和非理性思考，尊重自然的魅化和奧祕！

課程語錄 *157*
鐘擺效應？／盪鞦韆現象？

美國名課程史學者Kliebard力主課程史的教訓，而鐘擺效應是其現象之一。他發現西方課程改革擺向進步主義之後，就擺回學術理性主義，如此像鐘擺一樣來回擺盪。

但課程學者質疑，課程改革只是這樣機械式的擺動嗎？即使從進步主義擺向學術理性主義，但其方向、深度、複雜性等，每次應該都不一樣。

臺灣歷次課程改革也不是這麼機械式的，標榜進步主義的九年一貫課程夾雜著工具主義、學術理性主義，現在的十二年國教課程呢？

兩年前，我在臺灣師範大學課程與教學研究所博士班開課程史專題研究，也和博士生一起閱讀Kliebard這篇論文，引發熱烈討論。泰國留學生譚華德說，他覺得這個現象比較像盪鞦韆，而不是鐘擺，太棒了！

鞦韆的動力部分來自自然，部分來自於盪鞦韆者的動能，顯現改革的主體性！

　　但談到改革的主體，別忘了Popkewitz的警告：課程改革不是人（who）的問題，而是知識的問題。這樣才能將人從改革過程中去中心化，尋求人也參與改革的可能性。

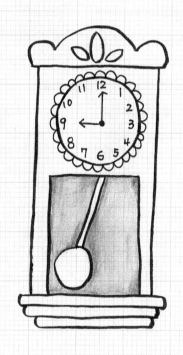

課程語錄 *158* 現在的歷史？

　　The present of the history是Foucault歷史學術「系譜學」的核心概念，他舉例說：監獄的歷史研究，是研究現在的監獄在歷史上是如何被形塑的。現在的歷史要先問題化，質疑現在的情境，反省沒有被質疑的，覺醒為何未被質疑或無力質疑。

　　最近臺灣政黨輪替頻繁，輪替後就修歷史課綱，造成嚴肅的教育課程議題是因為我們篤信官訂的、威權的歷史觀，失去質疑、批判歷史事件的能力，亟需加強現在的歷史。

　　103年，臺灣高中生抗議教育部微調歷史課綱，我們就聽到微調課綱委員臺大教授回答課審會委員，高中課綱沒有學生主體性的問題；也聽到Popkewitz說：現在的歷史表示現在的世代以新的方式和歷史相遇，在此過去的歷史片段和現在批判性的境遇。所以歷史研究是質疑現在的情境，先問題化，然後歷史化、事件化，在歷史事件中多角度分析問題。

臺灣歷史學科本質的缺陷就隱藏在此！

課程語錄 *159*
知識？或常識？或？

　　課程學者對此常有討論，尤其知識社會學者強調教育知識的生產、分配、傳遞和評鑑，反映社會中的知識權力關係和社會控制原理，主張利用知識社會學的三個層面來分析知識。

　　第一，知識的階層性。醫學、物理、數學是高階知識，是抽象的、理論的知識，學習者是高度篩選的，所以學習時彼此孤立競爭，不像中小學生要合作學習，因為中小學生被認為學習的是常識。

　　第二，知識的專業性。醫學知識的擁有者（如教授或專業人員）和學習者（如學生或門外漢）有很大的社會地位差距，他們之間是教導關係，而非中小學師生間的互學關係。

第三，知識的開放性。高階知識如醫學是封閉的，不像中小學社會科學術領域寬廣，內容多元包容。

　　但現在課程被再概念化為生命體驗課程（currere），課程是豐富的，不是稀有的，消弭了知識和常識間的隔閡。課程學者Goodson提倡生命敘說課程，強調知識和常識都是生命敘說的一部分。

　　說說你／妳生命敘說的豐富性！

課程語錄 *160* 除夕「狂」言

批判教育學者常批評：課程讓學生身心分離。

想不到現在我正在體驗這種身心分離的感覺！

元月10日～25日，第一階段十三次的電腦刀療程，總算告一段落。

謝謝大家關心、支持、協助，在獨自面對冰冷的儀器療程中，讓我倍感溫暖。

電腦刀療程結束的首日，醫生告知做完電腦刀後精神會稍差，神經亦較脆弱……。

果然，可怕的事情發生了。

身受詐騙的威脅……理智告訴我得設法逃離，設法報警去……

逃呀逃呀……

腿軟著，腳抬不起來，急呀急呀！

寸步難移……越急越動彈不得……

焦急的靈魂一圈、兩圈、三圈不斷地繞著……

恨不得能拖著病軀逃離……

恐怖駭人的情境中一驚醒，竟是全身溼漉漉……

寒夜中，強忍不安與哆嗦，將全身換個妥適……

電腦刀完成迄今十天過去，時而渾渾噩噩，時而昏昏痛痛的我，仍感覺不到。

是抓不到自己的身體，或抓不到自己的靈魂？

是身體出走了，或靈魂出竅了呢？

回診時，醫生聽了我的故事笑著說：「你看，你還安坐這兒，沒被騙。這是做完電腦刀後神經敏感產生的恍恍惚惚，沒事的！」並安撫我，囑咐我回家好好歇息，好好修養。還特地對陪診的兒子說：「好好看著你爸，別讓他跑出去……」哈哈！

這種感覺是我人生第一次的歷練……

送走狗年的除夕夜，希望明天會是「重生、再生、新生的歐小生！」超越分離的身心和靈魂，合而為「一」。

歐老的這段旅程，是我人生修為的新境界。

課程、學術的精進，也是一段靈性的旅程，應可媲美「班傑明的奇幻旅程」，雖然歐老不如小布英俊，但至少還「稍傻」吧？

課程語錄 *161* 新春「瘋」語

　　我的身體正在體現人生的完美境界，我的心靈正在體驗身體的善意，展現至高無上的能量，身心靈合一，和諧發展，謝謝妳們，我愛妳們。

　　現在各國課改都強調素養，香港中文大學趙偉黎教授（Popkewitz學派）強調素養是華人的概念，要從東方身體意念來理解，素養就是「素+養」，就是「身+體+力+行」，而實踐素養的最佳途徑就是身體課程！

　　她說，現在兩岸三地強調身體課程最力的是臺灣的歐老，她引用我的一段：「知識是身體化的，主體也是身體化的，迎回身體，讓身體擁抱學習，讓學習有感有溫度」，作為華人社會推展素養的重要理念、方向！

　　歐老期盼：重生，新生，和再生。歐小生能重出江湖，再現屠龍刀！

Pinar研究發現，許多藝術家在心靈受創而無法繼續創作時，常轉為課程理論者；而課程理論者在心靈受創無法繼續研究時，常轉為藝術評論者。

　　歐老還有其他空間嗎？

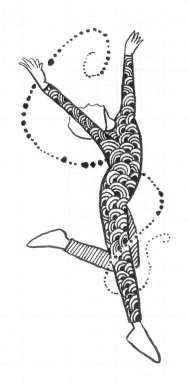

課程語錄 *162* 假期狂想曲

有位教育界朋友和我聊過母女對話的故事，一句話印象深刻，她女兒問她：「妳自以為是的善意，真的是善意嗎？」

作為教育工作者，我一直在反省這句話。我們自以為的善意，對別人，尤其是學生，可能是一種壓迫欸？語錄一再提到，知識是危險的，表面上解放的、救贖的論述，事實上是壓迫的。

這幾天我也面對了數起師生間溝通的不良，甚至有被壓迫的感受。

前幾天，有位學生來電關心我，說次日1：30來看我。1：30？不正是她想釋善意的病弱老人休息的時間？我一再表達謝意並婉拒，後來她竟然說，那就請外傭到樓下把禮盒拿上去。這種善意對我而言不是壓迫，什麼才是壓迫？

溝通、對話很重要，但如果雙方彼此沒有體會其中隱含的他者性（otherness）的概念，就無法理解對話是多面向的關係，從很多觀點思考問題，對問題有不同

的看見。

　　這種他者性是一種後現代倫理，彼此深度的聆聽與凝視，產生A/R/T學者所說的相互具現化（interembodied），人與客體（人、事、物）有漸次接近的感覺，產生社群的連帶觀、一體感，這種高度的同理心才產生自發、互動、共好。

　　我們常想溝通、對話，但常溝而不通，對話淪為雞同鴨講，就是沒覺醒他者性！可能讓善意成為對方的壓力。

　　沒覺醒他者性，善意可能淪為壓迫，教育者能不慎哉！

課程語錄 *163* 批判論述分析
（critical discourse analysis, CDA）

　　教育部長潘文忠復出說了些話，表明十二年國教課程依規劃，於108學年度開始實施，這就是一種論述（discourse）。當然立刻有人反對，提出反論述，後現代強調政策是一種論述或反論述。

　　任何主體都有論述的權力和能力，如我在課程語錄中也「狂言瘋語」，也在論述。各位網友、臉友在您的網路中論述，所以論述就是「某人站在那兒用什麼話說些什麼事」，但這只是小d論述，還有大D論述的時空環境、氣氛、論述者的服裝儀容……。

　　但請問妳／你／我的論述是價值中立的嗎？沒有意圖和目的？是否隱含著意識型態、權力資源的爭奪？所以最重要的是，所有的論述都一定要加以批判和分析。

　　現在CDA已經成為政策研究、課程研究的重要方法，許多老師也運用CDA來研究自己的課堂教學，以覺醒自己的教學語言和知識權力關係，作為專業成長的有力工具。

課程語錄 *164*
苟日新　日日新　又日新

　　上課程所博士班課程美學專題研究的課，通常是先和他們聊聊「你認為什麼是美？」有的學生用河洛話說「天然的最美」，還擺了個美的pose；有的用政治語言說「有夢最美，希望相隨」，還學阿扁的語氣；有的用客家話說……。最後學生會問：「歐老，那你的美是什麼？」我通常回答：「苟日新，日日新，又日新」、「每天都不一樣」。

　　在課程再概念化的潮流下，「課程是美學文本，已經成為當代重要的課程論述之一。」關於課程美學的見解中，我最欣賞的是Pinar等（1995）的看法：「理解課程為美學文本，是把每一次看到的顏色都當作第一次，將顏色經驗為動詞而不是名詞，教師的任務也是動詞而不是名詞……。理解課程為美學文本，質疑日常的、傳統的東西，要求我們從多元的觀點審視知識、教學和學習，從深陷的知覺中爬出來，像第一次一樣看它。」

　　當我們「第一次」看到太魯閣的美景，覺得好新鮮、很新奇，無限的驚豔、驚奇和感動，充滿想像空間，蘊含了無窮的創意。但是在規律化、儀式化的日常

生活中，這種新鮮性和新奇性漸漸地褪色了，我們慢慢地習以為常，同樣的景色已不再那麼美、那麼感人。新奇性淡薄了，想像力遲鈍了，創造力枯竭了，我們的想法、觀念、思考和信念沉澱於意識的底流，一切便宜行事，日復一日，年復一年。這時，我們失去了美學的鑑賞能力，「將顏色經驗為名詞而不是動詞」，課程美學的研究就是在探討想像在知性發展中的角色，培養美學的求知能力，了解教師及其工作的內在之美；讓師生和他們日常的功能性的存在保持距離，這種距離引發美學的轉型，質疑被視為理所當然的，將對知識和世界的本質化的理解去神祕化，「從深陷的知覺中爬出來，像第一次一樣看到美景，看到課程之美、生命之美。」

其實，只要有心，處處有三新，「周雖舊邦，其命維新」，仔細地凝聽和凝視，和公園內盛開的數枝櫻花對話，它們就會傳遞給我武陵櫻花的盛況。

只要用心，心在哪裡，哪裡就有新，就如第一次，就如陌生人，每天都不一樣。

課程語錄 *165* 在黑暗中找路

有人說，歐老一直在為課程找路，本來課程currere是動詞，就是一直在跑，一直在找路的意思。其實我喜歡在黑暗中找路，喜歡現象學中「黑暗」的概念。Manen認為，黑暗是方法，他用五個方向：尋求、進入、轉換、投入和凝視，引我們走進黑暗，透露黑暗的玄機，然後讓我們從黑暗中看見，讓黑暗帶我們進入神祕的、魔法的、靈性的空間，聽到以前沒聽過的，看到以前沒看過的，想到以前沒想過的；以前被隱藏的，現在顯現了，以前被視為理所當然的，現在可質疑了。

如Greene說的，關掉你的燈，拋開原有的定義和區分，看看這是什麼，那是什麼，但不要用既有的概念去命名！

記得我剛回臺灣時，教科書研究無論在形式、用語、內容上都是技術性的，於是我們把燈關掉，拋掉熟悉的區分和定義，採用批判教育學、意識

型態批判、潛在課程批判、CDA等方法（論）。於是以前沒被質疑的「看到魚就努力向上游」的領袖神話，就可被質疑了；以前被隱藏的「爸爸早起看書報，媽媽早起做早操」的性別偏見，現在被揭露了；以前被視為當然的、勤學典範的「鑿壁引光」的匡衡，已被檢察官認為有違反隱私權之嫌了。

於是教科書研究，加進政治的、詩性的、美學的、倫理的、道德的語言，又有了新的面貌，走向新的境界。

於是又在黑暗中找到教科書的新路，如政策研究可研究、推展一綱多本、教科書要全面體檢、內容全面更新……。

還有……？還有……？

課程語錄 *166*
建立互學新文化

　　文化人類學家Josphy說，如果魚是人類學家的話，它大概也是死前才知道自己活在水裡！

　　職業工作者常因身在此山中，而不知廬山真面目，教育工作者尤其是，所以Greene提醒教師要向文化人類學家學習作哲思（doing philosophy），每天都是陌生人，覺醒並形塑新的教師文化。

　　課程是文化的實踐，師生都在特定的文化脈絡下生活、教和學，今天學校亟需建立互學的新文化。

　　首先，校長和教師們要覺醒。臺灣的教職文化被神格化，儒教文化硬將天地君親師的神主牌加在教育人員身上，社會也將教師神格化，教師也自我神格化。因此教育人員應跳下「神壇」走入凡間，回到自己是人的身分，則不再是全知，也不可能全能，更可能犯錯。沒關係，勇敢地說：「我錯了，我會改進」、「這裡我不懂，想向你請教」。

其次，校長要經由備議課等程序實施公開授課，以宣示、表達向大家學習的決心和態度，確立學校學習的核心價值，在學習中實施學習領導，培養領導人。

再者，每位教師更要貫徹公開授課的精神，向其他老師學習，更要蹲在學生旁邊聆聽、等待，和他們一起學習，向他們學習。

最後，要打開教室，和其他年級、不同學習領域、不同學校教師一起學習，更要「打開校門」和其他學校，尤其和異業結盟，向企業學習。大企業家張忠謀說：「我一生最大的財富是學習。」麵包達人吳寶春也說：「冠軍只是當下，學習才是永遠。」去年，我們有機會到福州網龍網路公司參觀，簡報同仁第一句話就說，「歡迎各位同學」。他說，他們員工上萬人，走進公司沒有董事長、總經理，都是同學。好棒的概念，可見企業都強調學習！值得我們認真學習。

請多分享這種互學的故事，形塑互學的校園文化！

課程語錄 *167* 釋放美力

春回大地,釋放美力!

Greene說,藝術(美)讓無情的物質世界向我們說話、唱歌,甚至跳舞,覺醒我們的認知、存有和行動的新方式,創造所謂的美學時刻。藝術是一種增進思考的技能、擴大理解的方式,不同的藝術形式讓我們參與世界,協助我們發現不同類型的經驗,有助於心靈的發展,促進感官的覺醒。直言之,美學時刻是觀看、傾聽、感覺與感動的新方式!

課程美學家都認為,藝術的極致在發展美學的時刻,或完全時刻,在此人我合一,自己的時間、空間和地方合一,將自己、他者、文化等放空,好像達到神祕的世界;在這個世界裡,能發現自己的寧靜,能創造感動、感覺和行動的新方式,天人合一,身心靈一體。

美力也有社會政治功能,批判教育學者大多走向愛、希望,走向轉型的教育學和實踐,為社會正義奮鬥。

用感官召喚春的美力，站在回春的土地上，凝聽土地及土地上的所有聲音！

課程語錄 *168*
雲林縣偏鄉小校優質轉型的故事

　　臺灣偏鄉小學在少子化的衝擊下紛紛關閉或被併校。但偏鄉小校沒有存在的價值嗎？解決小校的問題只有併校一途嗎？雲林縣在極其貧窮、教育環境極為不利的條件下，十二年前在沒有政府實驗教育法支持下就實施「學校優質轉型計劃」，當時六班以下的七所偏鄉小校實施校本課程與教學的改革。結果這些小校都浴火重生，展現學校的新風貌，迄今沒有一所被併校。

　　回想十二年前暑假時，這些學校的校長、老師、家長走過焦慮、挫折和不安的歲月，我全程陪同，看到他們充滿希望和熱情，至今仍深為感動。

　　其中，我陪伴最多的是林內鄉的成功國小。

　　成功國小成功轉型的祕密武器是紫斑蝶，臺灣的紫斑蝶和墨西哥的帝王斑蝶並列為目前世界兩大「越冬型蝴蝶」，每年清明前後，就有大批紫斑蝶從臺灣南部北遷，形成了一條蝴蝶的高速公路，蔚為奇觀。位於紫斑蝶遷徙必經路徑的成功小學，看準時機抓住機會，把紫斑蝶生態納為學校經營的獨特資源，結合政府及民間力

量，和地方產業結合，使學校成為紫斑蝶保育的志工學校。並將紫斑蝶設計為學校本位課程，使每一位小朋友都成為「紫斑蝶王子」──最佳的解說導覽員，培養帶得走的基本能力。

　　一所全校僅36名學生的迷你小學，原本將被裁併，但每年都來造訪的紫斑蝶卻改變了學校的命運，所以校長和老師都說：「紫斑蝶是學校的『救命恩人』。」

　　蔡正龍校長帶領教師們進行了長時間的課程對話和慎思，發展出「紫紫點點──幻色遷徙紫斑蝶」的校本課程計畫，並在實施評鑑中改進。

　　轉型成功的成功國小被《天下》雜誌評選為臺灣百大小學之一，不久又獲得臺灣十大經典學校殊榮，獲獎無數，不僅是島內媒體鎂光燈的焦點，也吸引國際矚目──臺灣省地理頻道、英國BBC、日本朝日電視臺等，都曾以「紫斑蝶」為題製作報導，分享到全世界，成功的把孩子帶上世界舞臺。

課程語錄 *169* 歷史美學

　　歷史課程學者Foshay，提出美學我（The Aesthetic Self）的概念，並強調歷史美學在建構美學我的重要性。他舉出在大學綱要叢書裡，關於底特律圍城戰（Siege of Detroit）的歷史文本後，再列舉另外三個歷史文本，並從美學的觀點加以批判。

　　底特律圍城戰發生於1812年，美國任命赫爾將軍由底特律、迪爾伯恩少校由尚普蘭湖和凡倫斯勒少將從尼亞加拉，三方進軍加拿大。面對的對手是駐軍於加拿大的英國布羅克將軍。當時的美國軍隊遠大於英國軍隊，但美國卻在底特律這個地方戰敗，造成相當重大的損失，進而停止欲入侵加拿大的計畫。

　　一些學校歷史教科書在描述底特律圍城戰，相似於Krout（1935）所寫的《加拿大的攻擊》的內容：美國對加拿大的第一次攻擊是失敗的。赫爾將軍在底特律投降，凡倫斯勒在尼亞加拉失敗，迪爾伯恩則從未越過邊界。這樣的寫法旨在幫助學生能透過客觀的、簡短的事實知識，來回答測試問題，著重在事件發生與其對應的時間，並未描述事件發生的因果脈絡，缺乏美學的成分。因此，Foshay提出另外三個文本如下：

May（1989）所寫的《攻擊加拿大》文本：美國計畫三方入侵加拿大，由迪爾伯恩少校在尚普蘭湖，底特律的赫爾將軍和尼亞加拉的凡倫斯勒少將領導……赫爾將軍投降了一支小的英國軍隊……在軍事法庭上，赫爾因怯懦被判處死刑……但他因革命記錄而逃脫了懲罰。

Hale（1830）所寫：那些冷靜而無畏的部隊，正等待著預期勝利的方式。令所有人驚訝的是——赫爾將軍禁止大砲開火，並掛出白旗表示願意投降。當士兵和公民看到自己被一個人的權威，交給他們認為可輕易征服的敵人的力量時，就無法形容他們的憤慨。

Graff（1967）所著的《不滿意的領導力》：赫爾是美國革命時代的英雄，也是第三位對軍事成功有所貢獻的人物。赫爾被總統麥迪遜說服接受委任為準將軍。麥迪遜派他接管一支被命令前往底特律的部隊。預計赫爾將從底特律進軍現在的安大略省，並占領該地區。戰爭部門認為，居住在那裡的眾多美國人在第一眼看到星條旗時，會起來反抗英國人。美國打贏戰爭計畫的口號是「On to Canadal」，但英國軍隊和印第安人卻無視於他，赫爾於1812年7月12日前往加拿大。英國人迅速占領迪爾伯恩駐守的城堡，英國將軍布羅克從尼亞加拉向西移動到底特律，將赫爾從基地上撤下。這讓赫爾別無選擇，只好投降。

有三種寫作特質能影響文章的美學品質（aesthetic quality），這取決在三者的適合度（fit），分別為形式（form）、風格（style）和內容（content）。於是Foshay從學術觀點，認為May的文本與其他歷史教科書不同，在於它提供更多的資訊和敘述的元素。Hale的文本則是在形式及風格，具有節奏感及詩意，可喚起讀者任何對背叛的相關經驗。Graff的文本形式、風格和內容彼此吻合，類似於新聞報導，取決於讀者如何看待內容。對Foshay而言，Hale和Graff的文本，比其他文本具有更多的影響、表現力與美學真理，所以他認為寫得好的歷史，便具有良好的美學品質，會比單純的事實記錄，可能對學生讀者（student-reader）產生更大的影響。

　　值得反思的是，具有相當吸引力的歷史文本，雖然讓人感覺寫得很好，充滿吸引人的記憶情緒，但也會被視為帶有意識型態，是有偏見且不完整的。有鑑於歷史通常涉及記錄的充分性和準確性，所以在歷史寫作領域，幾乎被視為與美學我無關，但歷史與美學真的完全不相關嗎？

因此，學生必須要學會區分嚴謹的歷史寫作和宣傳的意識型態。這裡列舉的文本，提供一個區分的機會。Hale的文本雖然具有相當大的美學吸引力，但相對於Graff的文本，會比較像是種宣傳。

　　以前歷史充滿對立，現在史家如何超越對立、尋求歷史美學，如檢視兩岸中小學在社會學習領域中，關於八二三金門砲戰的歷史內容並開始對話。

（本語錄初稿是國立臺北教育大學課程與教學傳播科技研究所博士生山夢嫻撰寫）

課程語錄 *170*
尋求偏鄉小校的核心價值

以前臺灣的偏鄉也有不少大校，大家都說大校不利於教育改革，可是近年來受少子化的影響，偏鄉大校也成了小校，卻很少人說：快利用小校進行教改，反而要將之併校或廢校。

104（2015）年年底，政府公布實驗教育三法，企圖為小校救亡圖存。事實上，十二年前我們在雲林縣優質轉型計劃中就高倡「尋求小校的核心價值」，以下引用雲林縣林內鄉成功國小紫斑蝶課程改革的案例，來說明偏鄉小校如何追求核心價值。

成功國小透過「紫紫點點 —— 幻色遷徙紫斑蝶」課程計畫（參語錄168），順應地利之便，利用每年都飛經的紫斑蝶為教學素材，既貼近實際生活，且以大自然為師，培養尊重自然、尊重生命的態度。透過藝術創作、觀察及飼養記錄、調查探索、專題討論、導覽解說，形成學生自主學習的歷程，建構多元的思考與評價，培養學生帶得走的能力。成功小學的師生在校園、野外和街頭上學習，以紫斑蝶為材料，手腳並用，五官

兼重，進行觀察、飼養、栽培、種植、記錄和發表，將他們口語的論述、儀式、神話或姿態帶進來。

如McLaren、Jaramillo所言，這種學生的街頭論述或知識跨越學術文化和通俗文化的疆界，將通俗文化放進課程內，讓學生閱讀、思考、解構基本假定和知識敘說，找尋新的、更多的可能性。

Swanson在南非文化不利地區小學數學教育的研究中發現，數學課程能否為文化不利兒童賦權增能，決定於教師的課程實踐，如果將數學再建構為科學和藝術，用舞蹈、戲劇、視覺藝術、音樂或文學等方式來教導，展現身體表演的不同形式，進行參與式、具現化的教學，孩子都能把數學學好。尤其是用敘說的方法來教數學，以身體統整日常生活的敘說和人的創意，也統整了藝術和科學，解放藝術和科學二元論中的身體，以非客觀化的、非二分的、能反映社會的、整體的方式，覺醒活生生的身體，提供不同的社會差異的認知，將身、心和靈統整起來，以理解意義和可能性是如何發生的。

強調實踐（praxis）和身體化課程（embodied curriculum）更突顯了農村小校的價值。成功小學的課程模糊了學術文化和通俗文化的疆界，減少形式學習和街頭儀式間的隔閡，建立不同或對立的儀式論述間的對

話，在任何形式的儀式論述上進行學習。將知識和地方聯結起來，鼓舞學生確認、敘說、再說他們的故事，用思考、感情和行動覺知世界，讓他們遭遇存有和關係的真實問題，使他們覺醒自己的壓迫，這時學生學到如何產生意義、以建構社區（理論），也覺醒此時此地的日常生活（實際），這就是實踐。

實踐課程立基於地方、以故事為主要內容，強調體驗和參與，這也是一種具現化課程，強調經由身體的媒介，在與他人的關係中，人覺知身體、身體的知識和主觀性，突顯了情境化的脈絡中的身體，將分立的學科統整起來，身、心和靈合一，模糊科學和藝術的疆界，合法化身體的知識，教學不僅重視心智的啟發，更將情緒和靈性置於認知和知性之上，指引了存有的倫理，這為課程和教學哲學提供希望，也為兒童的身、心、靈全面發展提供基礎。

課程語錄 *171*
建構地方學的課程哲學基礎

　　臺灣學術界正努力在建構「地方學」。國立屏東大學社會發展研究所在所長李錦旭教授領導下，早已建構了「屏東學」的雛型，這一、兩年開始轉向其課程哲學基礎的尋求。

　　去年4月，我第一次受邀參與他們的座談會，看到會場掛著滿滿的標語。上面都寫著「屏東學在屏東大學」，我就很大膽援引課程學者Brouaby的Place-based Praxis建議，屏東學要「走出」屏東大學、走進地方，「走進東港漁市場」、「走進恆春春吶會場」、「走進……」，聆聽屏東土地上的聲音，凝視土地上的顏色，這時你就會聽到聲音嘹亮、看到色彩繽紛、發現問題重重，感受到屏東人的活力。

　　Places-based Praxis訴諸對地方place的感情，身歷其境、心歷其境，聆聽土地的聲音，和土地及地上的人、事、物對話，地方感敏銳了個人的理解和洞見，使一般的成為特定的、抽象的成為可接近的，蘊育了生根的社會力量。

以地方為本的實踐，模糊學術文化和通俗文化的隔閡，減少形式學習和街頭論述的差異，解構語言或文化（字）的宰制、發展，有尊嚴、有自信的主體論述，為學生賦權增能。

　　這時師生再一起將聆聽到的聲音、看到的色彩繽紛、感受的重重問題帶回屏東大學，每個人作知識論的、方法論、存有論的思考和探究，站在自己的土地上，重說自己的故事，改寫別人在別的地方、為別的目的、為你寫的故事！

課程語錄 *172*
誰來寫課程史？

　　課程史是新興學術，從一開始就有爭議 —— 誰寫？課程學者們主張他們寫，但傳統史學家認為他們缺少史家方法論的背景，品質可能有問題。爭論的結果是採用跨領域的方法由雙方合作撰寫，但至今尚未發展出合作的模式。

　　在臺灣的情形亦復如此。語錄中曾提及，臺灣教科書政策是複雜的，如一綱一本和一綱多本的演變，往往是擦槍走火的、拼貼的，歷史學家也不一定能敏感的覺察出。即使是課程學者，如果未具備課程敏銳度，也未必能察覺其複雜性。

　　人是歷史的存有，我們都活在歷史中，都在探究歷史。現在歷史學習理論強調doing history「作歷史」。

　　Do history是探究歷史、吟味和鑑賞歷史！

探究歷史是邀請學生進入歷史學術社群內，向歷史學家們學習如何蒐集、分析、詮釋歷史資料，用什麼語言、概念、原理原則來傳達歷史知識，和歷史學家一樣思考。人是歷史的存有，在和歷史學術和歷史學家遊戲中，建構歷史知識。這就是吟味、鑑賞歷史！

　　Do history，不僅是認識論的、方法論的，更是存在論的、靈性的！也希望每個人在do history中奠定自己的史觀，免受傳統藍綠史觀的擺布。

課程語錄 *173*
國小生活與倫理價值教學模式的發展

「德可以教嗎？」1970年代西方發出這樣的德育教學議題。接著，郭爾堡的德育發展階段論、兩難困境討論，以及其他學者提出不少價值澄清模式。時任新竹師專校長黃光雄教授，認為這是改進臺灣道德教育的重要途徑，乃向教育廳申請補助經費，進行「國小生活與倫理價值教學模式的發展」專題研究。研究小組分析當時臺灣國小生活與倫理課程標準與教科書，發現其中充滿國家第一、領袖崇拜、漢人中心、男性獨尊等意識型態，於是我們將許多兩難困境討論和價值澄清技巧等，加入生活與倫理教學之中，並在竹師專附小和其他小學進行實驗，獲得學術界和現場教師頗多的認同和肯定，後來推展到全臺國小。

民國77年教育部實施教科書，適切合理化改革，改編國中小各科教科書。國小生活與倫理科主任委員顏秉嶼教授（時任新竹師專校長）邀請我、黃建一、汪履維等加入委員會，第一次會議我就痛陳原版教科書中的政治、性別、種族意識型態，主張我們在新竹師專研究

實驗過的價值澄清教學模式（當時我已轉任國立臺北師專），因而和原任委員間有非常激烈的對話。其中很多都是我的師長輩，我們幾位年輕委員都是價值澄清教學小組成員，有理論基礎和實驗依據，較有說服力，也主導修訂方向，把一本充滿主義領袖國家的生活與倫理教科書改為尊重兒童主體、加強價值澄清、作決定、有社會行動力的教科書，將道德觀人性論、課程論作了180度的翻轉！

　　民國89年九年一貫課程設有綜合學習領域，教育部聘我為該領域教科書審查小組召集人，因該領域為新設，不少教科書也納入價值澄清架構，教育人員真的很有創意，因為作決定、採取行動，也是該領域重要的目標之一！

課程語錄 *174*
立基於地方的課程實踐

　　語錄多次提到用place-based praxis的概念來尋求偏鄉學校和地方學的核心價值。

　　地方課程強調實踐（praxis）和身體化課程（embodied curriculum），模糊了學術文化和通俗文化的疆界，減少形式學習和街頭儀式間的隔閡，建立不同或對立的儀式論述間的對話，在任何形式的儀式論述上進行學習。將知識和地方聯結起來，鼓舞學生確認、敘說、再說他們的故事，用思考、感情和行動覺知世界，讓他們遭遇存有和關係的真實問題，使他們覺醒自己的壓迫。

　　這時學生學到如何產生意義，以建構社群（理論），也覺醒此時此地的日常生活（實際），這就是實踐。實踐課程立基於地方，以故事為主要內容，強調體驗和參與，這也是一種具現化課程，強調經由身體的媒介，在與他人的關係中，人覺知身體、身體的知識和主觀性，突顯了情境化的脈絡中的身體，將分立的學科統整起來，身、心和靈合一，模糊科學和藝術的疆界，合

法化身體的知識，教學不僅重視心智的啓發，更將情緒和靈性置於認知和知性之上，指引了存有的倫理，這為課程和教學哲學提供希望，也為兒童的身、心、靈全面發展提供基礎。

這也是一種民主的課程，一種反壓制的教學，地方學課程加進了正式課程之外的很多內容，納入不同的觀點和聲音，挑戰了主流文化，質疑主流的詮釋。這種以社會問題和爭議為中心的教學，緩和了傳統分科的、學問中心的、高階文化的壓力，覺醒學生的批判意識、自我賦權增能。

民主的生活方式要對集體生活中產生的問題、事件和爭議，像衝突、社區的未來、環保政策和正義等議題，做明智的、反省性的思考，不斷地探討、想像並採取行動。

學校轉型不能忽視社會主流的知識，但不是提供一些高級文化讓學生吸收或累積，也不是用來提高標準化測驗的成績，而是以它們作為洞察和信息的資源，作為觀察周遭問題的視鏡，讓學生探討真實的問題和爭議，解決生活的問題。

知識是與社群和真實的人的自傳密切關聯，只有那些被學生和教師認為是嚴肅的東西，才能成為他們的知識，才能讓他們的生活產生不一樣。

課程語錄 *175*
美感課程理論建構與實踐

　　早在1960年代中期，課程學者Kliedbard就警告課程語言十分貧瘠，大多是技術性的語言，要加入美學的、詩性的、靈性的、倫理道德的語言，這正是再概念化課程學者的主要工作。

　　臺灣課程研究早期也是受行為主義、理性主義的影響，充滿了組織、實施、評鑑等技術性的語言，直到1990年代中期之後，才導入意識型態、宰制等政治語言。

　　不久之後，課程美學興起。2008（民97）年，已故陳伯璋教授接任國家教育研究院籌備處主任，即推動「美感課程理論建構與實踐」專案研究，邀請我擔任主持人，開始了為期兩年的讀書會專題演講工作坊。並在臺灣若干國中小進行實驗、研究，依據這些研究成果，國教院2010（民99）年舉行盛大研討會，邀請在專案研究中協助我們最多的、在國際推動A/R/T頗富盛名的

英國UBC R. Wrin教授，抵臺灣各地巡迴主持專題演講。這項專題研究和發展的各項活動，掀起一股課程美學研究的熱潮。當教師突破技術性語言的限制，能從美學的、詩性的視野來鑑賞課程教學和課堂時，他／她看到的教育世界就不一樣了。這時他／她們有了不同的呼吸，這才是這個專案研究的重要意義，在臺灣課程研究史上值得大書特書！

課程語錄 *176*
行動研究轉向？

　　課程學者Stenhouse早在1972年就提出teacher-as-researcher的主張，肯定教師在課程發展中的角色。教師發展就是課程發展，沒有教師發展，就沒有課程發展。因此教師要加強行動研究，改進自己的課程、教學，教師行動研究蔚為一股世界性的風潮！

　　尤其臺灣1990年代開始推動九年一貫課程，中央與地方政府都鼓勵教師行動研究，使教師行動研究如雨後春筍。惟看似蓬勃發展，卻是問題重重。

　　首先，幾個人組成一個研究團隊，分工而不合作，資訊能力強的找資料，交給閱讀能力好的去細讀，然後交給寫手去書寫，最後再有人細心編輯成研究報告，這樣的過程真能達成教師專業發展嗎？

　　其次，行動研究典範大都依據管理主義，都在研究如何管理學生、壓制學生而不自知。

有一次我到大陸華東師大講學，和鍾啓泉所長、張華教授等談及上述的問題，他們認為大陸的情況也相同，並商定召開「行動研究轉向國際研討會」。研討會上，我發表了「邁向詩性智慧的行動研究」，引起很大的迴響。大陸質性研究推手——北京師大陳向明教授，希望能影響實務界，Pinar則認為我的報告有東方色彩，希望藉此展開東西方的對話！

課程語錄 *177*
A/R/T（ography）

　　教師早期被期待為研究者，現在又被期待為藝術家。最近UBC大學教育學院院長L. Irwin教授結合這兩個理念，創出Artography的理念，表示教師（T）要游移在研究者（R）和藝術家（A）三者之間，同時從事教學、理論發展和藝術創作等，尋找真的自我、善的自我、美的自我。

　　ography含有多元跨界的描繪方式，教師可以將研究結果用故事、詩歌、影像、影片、舞蹈、建築、雕像、植栽、花藝、繪畫……表現出來，各種表達方式呈現不同的文化意涵，好像接受不同藝術家的邀請。這時我們好像走進不同的藝術世界，啓動不同的感官，看到不同的表現，聽到不同的聲音，呼吸到不同的空氣。

課程語錄 *178* A/R/P

2000年我們邀請推展A/R/T的國際學者Irwin來臺講學，我的一位博士生校長發問，她正在寫校長principal的美學實踐，能不能將A/R/T改為A/R/P？Irwin回答：「為什麼不可以？如果妳是母親，也可以用A/R/M啊！」

這種機智的回應，充分表達了A/R/T的精髓，引發了我們很多的想像空間。

2014年我的身體開始異變，動手術而住院，我成為病人patient，立刻想到A/R/P，我是病人，我要游移於病人、研究者和藝術家之間。病得有智慧，病得優雅。我與病體共舞，傾聽病體溫柔的說故事，關於人生的、生死的、教育的、哲學的故事。

此後我一直以A/R/P自勵，A/R/P像解毒劑，助我抗老解病。於是我不斷的閱讀、書寫、思考、沈思、反省，這些都是認識論的，更是存有論的、學術的修煉同時，也是靈性的修煉。希望蛻變為與現在的我不同的另一個我，尋求真的、善的、美的我。

課程語錄 *179*
慶祝母親節，教學活動不能只有護蛋一途

偉大的母親節即將到來，全國中小學是不是又要掀起一股「護蛋」的活動？回想當年九年一貫課程開始實施時，每逢母親節，便可見到學生們小心翼翼地捧著蛋、呵護有加的情景，唯恐稍有閃失，把象徵「母愛」的護蛋情懷因蛋破而毀，未能完整體會母親育兒、護兒的付出，恐怕寫「悔過書」難免了！

生兒育女是神聖的工作，護蛋失敗卻被賦予道德的責任；慶祝母親節，難道只有護蛋一途嗎？

試試以統整課程的模式（參語錄136），或加入共同學習的理念：老師和全班一起設計溫馨的慶祝活動，透過自己設計的邀請卡邀請媽媽前來參與班上的活動、或小劇場、或下午茶、或母子女共繪、共讀、共遊……親子一起共聽、共看、共學；相互凝視、聆聽，相互具現化。

這是否也是一幅「自發、互動、共好」的十二年國教課程的願景呢？

國家圖書館出版品預行編目資料

課程語錄（貳）／歐用生著. -- 初
　版. -- 臺北市：五南，2019.04
　　面；　公分.
　ISBN 978-957-763-369-9（平裝）

1.課程　2.文集

521.707　　　　　　　　108004794

1IOH

課程語錄（貳）

作　　者 ― 歐用生（361.6）

發 行 人 ― 楊榮川

總 經 理 ― 楊士清

總 編 輯 ― 楊秀麗

副總編輯 ― 黃文瓊

責任編輯 ― 李敏華

封面設計 ― 王麗娟

內文插畫 ― 郭家華

出 版 者 ― 五南圖書出版股份有限公司

地　　址：106台北市大安區和平東路二段339號4樓

電　　話：(02)2705-5066　傳真：(02)2706-6100

網　　址：http://www.wunan.com.tw

電子郵件：wunan@wunan.com.tw

劃撥帳號：01068953

戶　　名：五南圖書出版股份有限公司

法律顧問　林勝安律師事務所　林勝安律師

出版日期　2019年4月初版一刷

定　　價　新臺幣230元